绿色城市
GREEN CITY
O2O
旅游
地产

洲联集团 编著

中国建筑工业出版社

图书在版编目（CIP）数据

旅游地产 / 洲联集团编著. — 北京 ： 中国建筑工业出版社，2014.12
（绿色城市O2O）
ISBN 978-7-112-17466-9

Ⅰ．①旅…　Ⅱ．①洲…　Ⅲ．①旅游—房地产开发—世界—文集　Ⅳ．①F299.1-53

中国版本图书馆CIP数据核字(2014)第253933号

责任编辑：马　彦
责任校对：陈晶晶　刘　钰

绿色城市O2O
旅游地产

洲联集团 编著

*

中国建筑工业出版社出版、发行（北京西郊百万庄）
各地新华书店、建筑书店经销
洲联集团五合视觉制版
北京方嘉彩色印刷有限责任公司印刷
*
开本：880×1230毫米　1/16　印张：7¾　字数：200千字
2015年4月第一版　2015年4月第一次印刷
定价：45.00元
ISBN 978-7-112-17466-9
　　　　（26270）

编委会

总序

绿色城市 O2O

文：刘力 \ 洲联集团

人类社会进入信息时代，生产方式、生活方式甚至社会结构都因移动互联技术进步而颠覆。

城市注定因生产方式与消费方式的变化而改变。信息技术进步使得生产地、研发地、原料产地、消费市场、总部可以完全分开，因而改变了城市的结构，推动世界级城市区域（Global City Region）的形成。

城市生态同样需要重新调整，绿色城市是全球人居事业追求的新方向。城市功能更加有机综合，城市空间更加多中心组团化，城市环境更重视生态低碳。对绿色城市提供最强信息技术支持的是互联网，对绿色城市生产和生活方式提供创新模式的就是 O2O。

新型城镇化的大潮下，人口毫无悬念地向大城市及周边地区聚集。城市用地规模的增长并不是传统意义上的摊大饼，而新的不动产将不是传统物业的简单复制。由于信息汇总与交互方式的革命，城市建设的决策与生产方式正在发生重大改变。

首先，大数据改变了对需求的判断与应对。投资决策、项目定位、业态与服务的选择都离不开对大数据的掌握。从微观的项目筹划到宏观的城市规划都正在进入大数据时代，而 O2O 正是大数据生成的重要基础来源。O2O 基础上形成的大数据质量、及时性和准确性将极大优化，从而提高决策的速度和精度，使得产品和服务的大规模定制成为现实。

其次，线上公众舆论与公关活动决定了线下的市场规模与商业物业价值。无论是文化时尚价值、品牌口碑价值、线上服务交易价值，都由线上虚拟社会的公众互动决定。实体店的消费活动不过是线上文化与消费活动的延伸，实体店越来越多承载文化社交的功能，以体验性来兑现其传统零售商业价值。脱离线上决策与商务互动的不动产开发时代彻底终结。

再次，不动产的价值都离不开后期运营服务的支持，无论是酒店办公与商业类的运营、健康养老类的监控护理、社区生活便利服务配套，还是物流路线规划和仓储管理，都直接依赖线上服务与大数据资源的占有。O2O 服务的实现也使得产权共享、项目服务连锁、跨城市跨区域跨国界的分

时度假居住得以实现。

更值得关注的，掌握线上服务的电商已经成为市值最高的产业，并且华丽转身成为投资线下不动产的新势力。无论电商向下游物流实体店的扩张，还是开发商向上游线上服务的延伸，O2O 注定成为不动产行业的标配，更引发不动产行业生产方式与产品形态的变化。

O2O 不只是交易与服务的方式的进化，更成为决定不动产价值的一个全新维度。对于城市，人居品质的提升也取决于 O2O 作为催化剂，对空间环境与服务环境的重新塑造。毕竟，O2O 中的虚拟决策技术将减少社会实践的盲目性，降低实体物质的浪费和无谓的能源消耗。从这一意义而言，人们期待的绿色城市、智慧城市时代，随着不动产开发与运营层面 O2O 的实现，才会真正到来。

正如钢材水泥的出现改变了建筑形态，汽车的出现改变了城市形态，O2O 的出现注定改变城市区域形态。所谓"互联网思维"，改变的不仅是不动产形态、决策与生产方式、整个投资开发大行业的格局，而是彻底改善我们的生存环境。

毫无疑问，当今时代是一个产业革命和结构调整的大时代，新能源和互联网已然成为两大重要支点。它们对传统产业的重塑和再造，在大幅提高经济效率的同时，也极大地降低能源消耗。因此，在这个大时代，对城市与不动产的研究，不可能忽视 O2O 这一产业革命与城市革命新动力。

洲联集团作为绿色城市全产业链服务机构，以敏锐的观察提出 O2O 是整合城市、金融、不动产的关键。这套"绿色城市 O2O 系列"丛书，好比一把智慧钥匙，开启展望中国城市未来的窗口。

序

看好旅游地产的几点理由

文：陈国强 \ 中国房地产学会副会长、北京大学教授

近年来，有别于常规住宅领域市场的起伏与冷热转换，旅游地产如雨后春笋般正遍布祖国的大江南北，并成为房地产诸多业态中的一道亮丽风景。

从发展环境看，融旅游、休闲、度假、居住等功能于一体的旅游地产的异军突起，既是伴随着中国经济快速发展，新兴中产阶层特别是财富阶层全新生活理念的特殊表现，也是房地产行业转型发展的结果，同时也与国内旅游产业的蓬勃发展、地方政府的积极助推是分不开的。

改革开放已逾 30 年，在中国经济实现快速发展的同时，也催生了一批数量庞大的财富阶层。美国波士顿咨询公司于 2013 年 6 月发布的全球财富报告显示，2012 年全球百万美元资产家庭的数量达到 1380 万，美国是百万资产家庭最多的国家，其次为日本和中国。该机构预计，中国将很快超过日本位列第二。这些财富阶层在生活理念上更加注重休闲度假，注重向精神层面回归。在目前的地产形势下，旅游休闲地产无疑既能满足他们休闲度假需求，同时也是符合他们新生活理念的最好产品。消费群体在快速壮大，这是我们看好旅游地产未来发展的第一个理由。

其次，从房地产行业升级发展和地产变革的角度看，中国房地产行业用十多年的时间走过了其他国家用 30 年、50 年甚至更长时间才完成的发展历程，我国城镇居民达到了 80% 以上的住房自有率水平。从产业升级的角度，我们可以预见，一些中心城市传统住宅地产独领风骚的时代很快将成为历史，商业地产、养老地产等复合型地产将越来越多地进入人们的视野，而兼顾了旅游和地产两个重要产业，兼具了消费和投资双重特性的旅游地产将成为一种重要的地产形态。从发达国家的经验看，当一个国家或地区的人均 GDP 达到 3000 美元以上时，旅游地产开发将成为房地产的重要方向。

第三，中国旅游业的蓬勃发展为旅游地产创造了巨大需求。从全球旅游行业总体情况看，现在全球旅游业及其相关产业所形成的 GDP 大约占到了世界 GDP 总量的 20%，在一些市场经济成熟的国家，旅游业的支柱产业地位就更加突出。从国内情况来看，旅游业已经和住宅产业、汽车产业及通信产业一起成为我国国民经济的四大重要增长点。目前中国旅游业的收入已占国内生产总值的 6%。根据国家旅游局发布的统计数据，

2013 年，我国旅游业全年实现总收入 29475 亿元，比上年增长 14.0%。国内旅游市场方面，2013 年，国内旅游人数 32.62 亿人次，比上年增长 10.3%；国内旅游收入 26276 亿元，同比增长 15.7%。我国继续保持了世界上第四大入境旅游接待国、世界上最大的国内旅游市场和亚洲第一大出境旅游市场的地位。根据世界旅游组织的预测，中国将在 2020 年发展成为世界第一大旅游接待国和第四大旅游输出国，中国的旅游收入将占到国内生产总值的 10%。可以说，旅游业的快速发展将为旅游地产创造巨大的需求空间。

第四，地方政府的积极推动，为旅游地产的发展提供了一股推力。出于发展地方经济、促进区域发展、彰显执政业绩的愿望，一些地方政府敏锐地发现旅游度假产业的巨大成长空间，因此扬长避短因地制宜地在旅游休闲度假产业上大做文章，做大文章，并且雷厉风行地采取举措加以推动，甚至将此作为城市营销的有效手段。

第五，互联网思维中诞生的 O2O 方式，让旅游地产插上了在线营销的翅膀，大有一飞冲天的气势。O2O 凭借网络效应，将传统旅游的吃、住、行、游、购、娱等轻资产服务要素，以及地产中的酒店、公寓等重资产物业资源，一并与日益增长的旅游需求进行精确有效对接，从而在时间和空间配置方面重塑了旅游行业，也扩大了旅游地产的辐射范围，提高了资产使用效率。

还有一个不容忽略的理由，即国内外成功案例的示范效应。国内先行一步的旅游地产的实践者以及国际上众多旅游地产的成功案例，已经成为越来越多的后来者们的学习样板。从国内来说，这样的案例正日益多元化和丰富化。比如大家耳熟能详的华侨城模式、万达城模式、中坤模式等都是很好的样板。

作为国内外知名的规划设计机构，洲联国际近年来参与了众多旅游地产项目的规划实践，对旅游地产主题也作了深入研究与探讨，现在他们将其中的一些研究成果及规划案例汇集成册，相信对我国旅游地产的健康发展可以提供有益的参考。是为序。

广东英德广晟生态城

目录

市场趋势篇

2014 年旅游地产大趋势

文：洲联集团·五合智库

2013 年房地产开发投资增速从 2012 年的 16.2% 提高了 3.6 个百分点，住宅投资增速更是增加了 8 个百分点，行业景气度有了大幅提升。旅游地产也保持了较高的热度，行业龙头企业加大了对旅游地产的投资规模，尤其是万达集团，全年有三座万达文旅城开工，另外，无锡、桂林万达文旅城与青岛东方影都项目签约，新增投资超过 2000 亿元。不过，与 2012 年初百家房企涌入旅游地产投资相比，今年旅游地产投资更为低调。2012 年投入的旅游地产项目，在 2013 年也纷纷进入收获期，只不过收获更多的是卖房的收益，行业内仍鲜见优质旅游地产项目的运营。

随着大型房企越来越关注投资的收益，旅游地产投资也更加务实，不同类型的企业在旅游地产投资方面的诉求也开始分化，企业获益也不尽相同。随着更多的开发商旅游地产项目进入市场检验期，未来，旅游地产的成效也将更加明朗。总体来看，在未来的 3~5 年内，旅游地产将会呈现 6 大趋势。

国际化高端旅游度假区将会呈现

随着全国人均 GDP 连续越过 5000 美元、6000 美元关口，人均 GDP 超过 1 万美元的省市数量也在增加，高收入群体旅游消费也早已从休闲旅游向深度度假转变，只是因国内高质量的度假设施有限而转向了出国度假。中高收入阶层规模的发展壮大促进了我国旅游度假产业的发展。近年来，中西部一大批拥有优质旅游资源的度假项目得到开发，云南、海南、贵州、吉林等非发达省份的旅游地产投资均保持较大规模。

大型房地产企业主导了本轮旅游地产开发热潮，万达集团在文化旅游产业方面有明确的发展战略与较高的企业定位，以国际化视野主导旅游度假区开发，这将推动我国旅游度假区开发的升级。万达长白山旅游度假区拥有 70 条雪道与 54 洞高尔夫球场，良好的天然度假环境与国际化团队的操作，使长白山国际度假区的度假环境未来可媲美阿尔卑斯地区，而近 10 家国际高端品牌度假

桂林桃源山居

桂林桃源山居

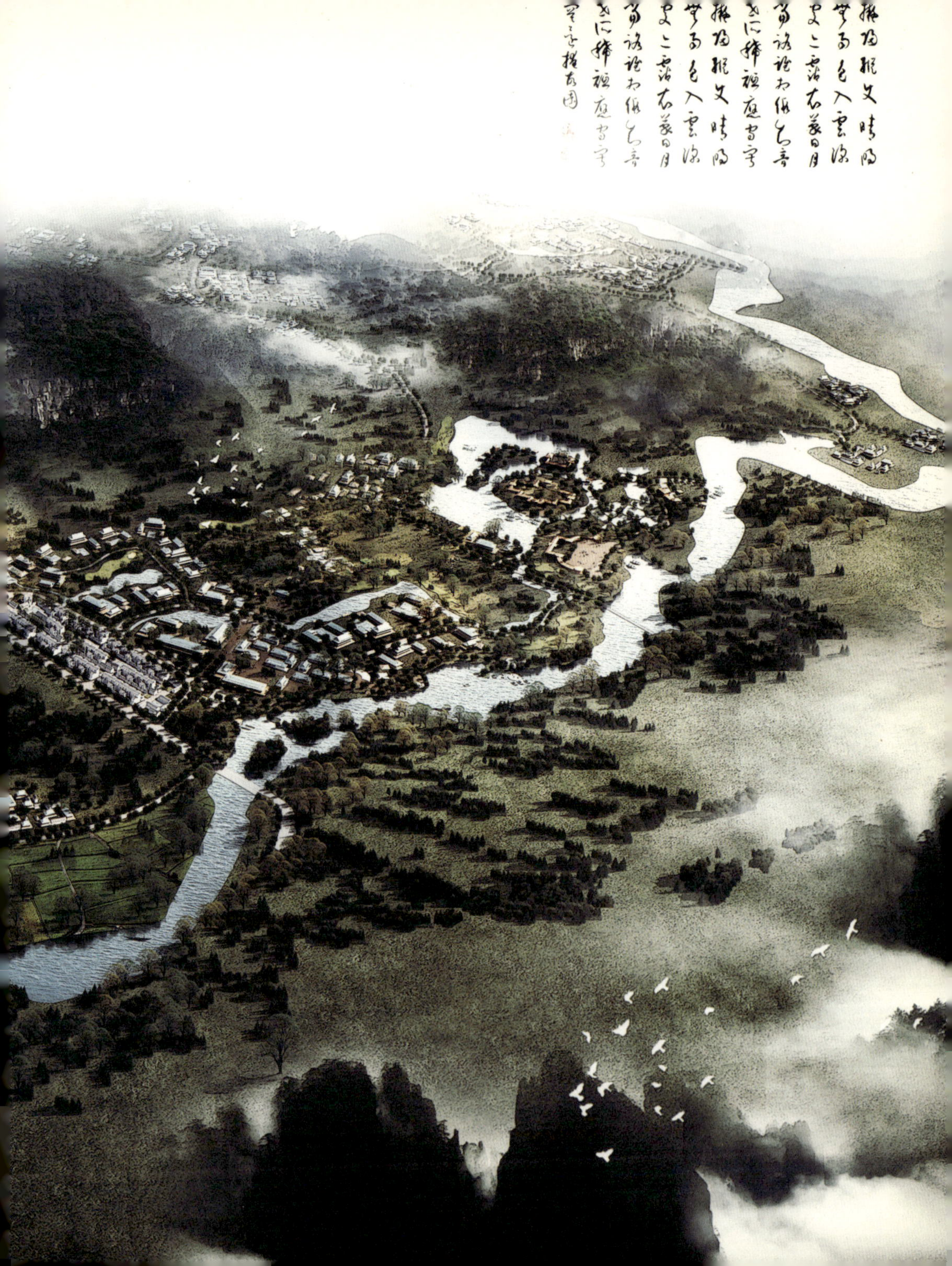

酒店的入驻，也将进一步吸引更多的国际游客。海南、云南等省区，由于具有优质的天然度假环境，加上大型企业集团携手国际机构的进入，会将这些地区的旅游度假区开发提升到更高的层次，同时也将会促进中国第一批国际化高端度假区的诞生。

本土主题娱乐类旅游项目将实现大步跨越

随着迪士尼乐园在中国香港地区和上海市相继落户，业界对国内文化旅游企业的发展前景普遍较为忧虑，但是也有企业不惧威胁，探索出了有自己特色的主题娱乐项目。在主题公园发展了20年后，国内主题公园产业也从依靠观赏、器械类发展到凭借高科技、文化主题娱乐吸引游客的阶段。华强娱乐集团凭借自主研发的科技娱乐设备打造的方特科幻公园系列在国内主题公园中占据了有利地位。华侨城在2010年年报中就开始透露其在创新娱乐业务的投资进展，并开发了儿童娱乐、水上娱乐、动漫产品等，丰富欢乐谷系列主题公园业态。

万达武汉中央文化的两大文化旅游项目——电影公园与汉秀剧场将是中国主题娱乐类旅游项目超越国际水准的里程碑事件。万达电影公园与汉秀剧场，第一次将国际一流舞台设计团队引入大陆，全新研发的高科技设备与国际一流创意团队的合作，将把国内高科技娱乐旅游项目提升到一个新的高度。

未来3~5年，国内将有更多注重娱乐体验的旅游项目面市，宋城、华侨城、世茂在室内主题娱乐项目上也有较大的投入，到2015~2016年武汉将有世茂嘉年华、万达电影公园与华侨城欢乐谷三大主题公园同台竞技，实现主题娱乐类旅游项目的跨越式发展。

旅游地产跨界整合更深入，大数据发挥更大作用

旅游地产本身就是房地产与旅游业的跨界整合，同时旅游业也从不回避与其他行业及技术的整合。在线旅游在国内发展10多年后，对旅游项目的营销与创意策划起到了巨大的推动作用，如今很多旅游地产项目借助在线旅游平台积累的大数据分析，实现了对客户偏好、资源配置的精确模拟，营销也更具针对性。万达、华侨城在旅游项目经营中也更加注重对于大数据的分析应用。

万达集团自2011年起就开始布局房产旅游电商，经过两年的摸索，万达电商平台发展思路也逐渐清晰，目前通过以万达广场为基础的万汇网电商平台，每年能积累数千万会员的消费信息，这对于万达旗下的度假区、文化旅游、酒店项目定位与营销起到了明显作用。

房地产具有很强的区域性，而旅游产业面向全国市场，龙头房企的全国性布局能够积累不同地区的客户数据，并将之应用到旅游地产的开发与营销中，将能发挥巨大价值。大数据的应用，将使

百度、阿里巴巴、腾讯等科技公司与旅游地产企业之间的结合更加紧密，未来将能看到更多跨行业的企业合作。

旅游地产加大文化内容投资，优秀项目将会呈现

迪士尼、环球影城乐园能吸引游客的最大优势在于具有高度吸引力的影视文化内容。为应对国外主题公园入华的竞争，华谊兄弟、光线传媒、万达影视等文化类企业与地产商联姻，同时宋城、华侨城等旅游地产企业，也加大了对影视内容产业的投资。近日宋城股份公告收购了《锦衣卫》《叶问》《小时代》系列电影制片方大盛国际35%股权，探路影视传媒产业。未来三年内，宋城位于三亚、丽江、泰安的千古情景区将陆续开业，三个景区除原有千古情剧院外，都会根据当地文化元素打造由一系列景观、体验型项目构成的旅游业态。根据宋城管理在收购说明中透露的信息，宋城有可能将影视内容主题融入演艺产业当中，实现文化产业的整合。

万达集团于2012年成立文化产业集团，将影视传媒、电影科技娱乐、舞台演艺、院线、大歌星、传媒等文化产业统一整合到一个平台中，在未来万达文化旅游城主题公园的项目中，也将会有公司原创的文化主题。尤其是与国际创意团队合作后，公司自创高水准娱乐内容，将完全能够跟国外影视主题乐园一较高下。

海外旅游地产投资规模进一步加大

随着欧美地区从经济危机中复苏，海外旅游市场、房地产市场也逐渐恢复增长。国内房企出海投资从最初满足华人及中国企业海外居住及商务需求后，又将目光转向了旅游地产。万达在收购了欧洲第二大豪华邮轮生产商后，又接连在伦敦收购了酒店项目，将旅游地产产业从国外延伸到了欧洲。绿地集团在韩国济州岛旅游健康城上的项目投资超过9亿美元，将进一步增加在东南亚与澳大利亚的旅游投资。

国内房企在海外旅游地产投资不断扩大，一方面是因为国内地产市场受到调控掣肘，而中国人到海外旅游度假的越来越多，满足这部分客户需求起到了较大的推动作用；另一方面，海外融资成本处于历史低谷，境外地产投资能充分利用低成本融资环境，发挥国内企业的规模优势，并分散风险。同时，欧美经济的复苏也明显利好国际旅游市场，而来自中国的投资相对充裕，并能吸引到一部分国际机构投资者。

随着大型房企出海投资经验的丰富，同时也由于海外旅游资源的不可替代性，相信大型房企在海外旅游地产投资规模将会继续扩大。

资源整合能力成为旅游地产开发成败的关键

旅游产业也是创意产业，优秀的文化旅游项目需

当年乳臭志弥满
眼前风景白头诗
板桥画笋初解画
飘竹微写鹤溪晖

启功 [印]

福州福清福泽山水文化旅游综合体

要整合科技、精密制造、文化创意资源，同时也需要土地与资本的支撑。无论是从开发运营角度，还是在与政府合作当中，能否整合复合资源都是旅游地产开发成败的关键。

当前旅游地产投资规模动辄上百亿元，占地数千亩，没有强大的资本后盾支撑是不可能完成的，而且优势的旅游用地也是稀缺资源，二者缺一不可。同时，在文化领域拥有独特资源的部分企业在旅游地产开发中也处于有利地位，如无锡灵山、陕西大唐西市，凭借独一无二的文化资源，在旅游地产中既创造了品牌效应，又获得了拿地的筹码。当然，仅仅拥有资本、土地、稀缺文化资源是不够的，作为创意产业，持续创新才是旅游地产生存的根本，尤其是在迪士尼、环球影城、梦工厂等拥有高创意团队的国外文化企业进入国内旅游市场后，万达、华侨城、宋城等企业更将文化创意作为旅游开发的根本。不能仅仅局限于这些自身所拥有的资源，成功的旅游地产开发商还应具备整合合作机构资源的能力，如万达文化旅游城就整合了著名的舞台剧创作团队德贡演艺、国际酒店管理公司、高尔夫/滑雪场等设计团队，并建立了上万家的合作商家资源库，保证了旅游地产新项目的顺利开展。

随着国内旅游市场进一步扩大，国民旅游休闲消费层次也越来越高，国内旅游地产将会发生深刻变革。庞大的市场需求与实际供应之间的差距，将使国内旅游市场大有可为，并会走出不同于欧美市场的道路。而传统的依靠旅游概念圈地模式越来越不可行，旅游地产必须朝着丰富体验、提高休闲度假质量的方向发展，并与新的商业模式相结合。而国内大型企业与创意团队也在逐渐成熟，国内的旅游地产也将会给市场带来更多惊喜。

O2O 让旅游地产插上在线营销的翅膀

文：洲联集团·五合智库

互联网对旅游行业的改造远早于其他传统行业，在线旅游也早就有了成熟的商业模式，随着国内酒店、度假区、游乐园等旅游产品供应越来越丰富，在线旅游市场也呈爆发式增长。在旅游地产激烈市场竞争环境下，在线营销以其全天候覆盖、渠道成本低的优势，迅速成为旅游产品营销的主要手段。如今搭上移动互联与新兴的 O2O 商业技术，互联网与旅游地产的结合也更加深入。

旅游消费增长扩大在线旅游需求

根据国家旅游局发布的数据，2008 年 ~2013 年中国旅游行业总收入复合增速达到 20.5%。预计到 2020 年，国内旅游市场将达 60~70 亿人次规模，收入约为 10 万亿元，年均复合增长率分别达 9%~11% 和 19%；入境旅游市场约为 2 亿人次，收入约为 800 亿美元，年均复合增长率分别为 6.5% 和 6.4%。在旅游市场强劲的增长态势下，旅游地产的前景颇为可观，旅游市场的 O2O 业务也被寄予厚望。

什么是旅游地产 O2O

旅游消费的链条与覆盖距离远远超过零售行业，体验消费的介入深度也远远超过传统购物中心消费，与购物中心 O2O 通过物联网技术实现数据采集不同的是，在线旅游更加注重大数据分析，而数据采集并不局限于 wifi、ibeacon 等技术手段，它可以整合零售行业采集到的数据，并与其他来源的数据相结合，构造以大数据为基础的会员系统。总体上，旅游 O2O 也要从线上营销入手，并在线下完成服务。我们可以通过旅游服务产业链来看看数据怎样在一条闭环上运转，分析旅游地产 O2O 的本质。

从产业链的角度，旅游产业链可以分为上游产品供应商、中游渠道商和下游媒介营销平台三个环节。上游产品供应商包括：旅游地产运营商／景区、航空公司、酒店、旅行社等；中游渠道商包括批发商和代理商，如携程、艺龙；下游媒体营销平台包括综合搜索引擎（如百度和谷歌）、垂直搜索

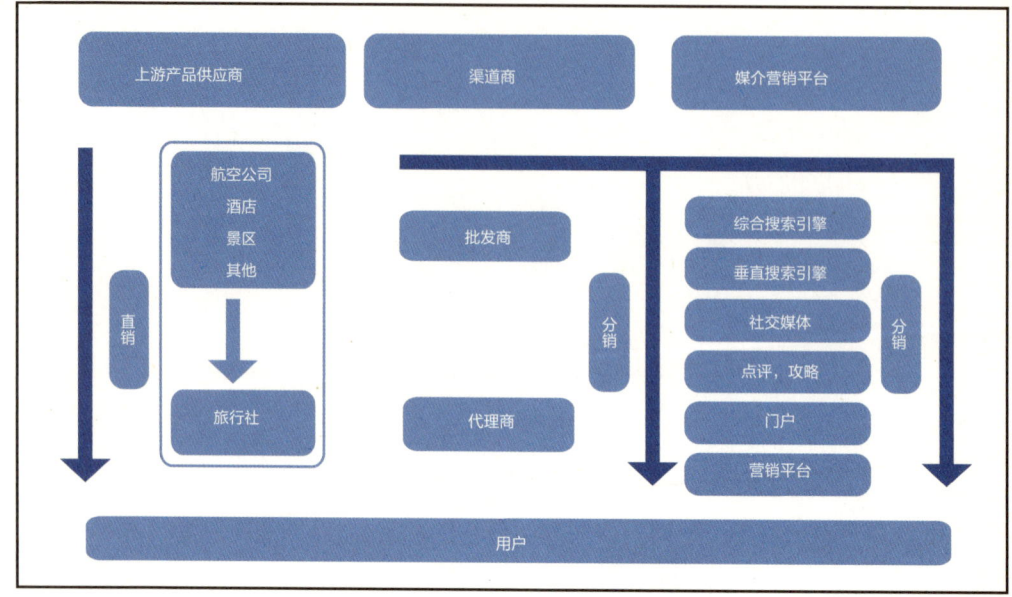

资料来源：五合智库研究部

引擎（如去哪儿、酷讯）、社交媒体（如新浪微博、腾讯微博）、点评攻略（如马蜂窝、豆瓣）、门户网站（如新浪、腾讯的旅游频道）、营销平台（如淘宝旅行、京东旅行）等。

线上营销：强调资源整合能力

在产业链上，线上营销相关的环节为渠道商（批发商＋代理商）和部分媒介营销平台（综合搜索引擎、垂直搜索引擎），主要竞争力为资源整合能力，并不实际生产产品。从实际运作来看，线上营销主要包括OTA（online Travel Agency，在线旅行社）和垂直搜索。

OTA企业的代表为携程、同程网，产品包括代理机票、酒店、旅游产品、租车等等，主要收入来源为佣金。是在线旅游行业目前最为成熟的盈利模式，基本主导了在线旅游行业的增长。

垂直搜索是一种集合大量OTA以及供应商资源的渠道，一定程度降低了用户获取信息的成本，提供比价功能，提升用户体验，主要收入来源为广告。目前以去哪儿为代表的旅游垂直搜索企业，在经历了几年的高速发展之后，已经形成了一定的市场优势，集聚和引导了大量流量，显现出了一定对传统OTA的优势。

在这个环节中，线上业务量呈现出基数小，增长快的态势，渗透率在全球横向来看还有较大提升空间。观念创新、新技术能够带来利好。

中国在线旅游预定收入增长趋势

图 2

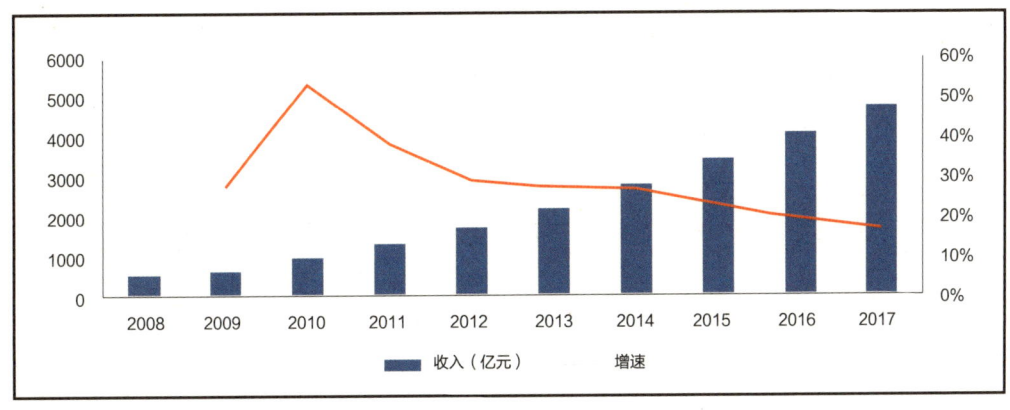

中国在线旅游渗透率　　表 3

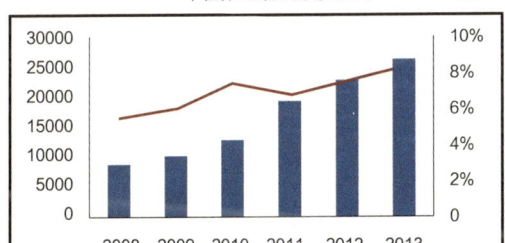

中外在线旅游渗透率比较　　表 4

资料来源：艾瑞咨询、国家统计局、五合智库研究部

分时度假的践行者途家网，与万科、恒大、华侨城等旅游地产企业合作，线下找房源、线上找流量，对接各种剩余资源，同时解决游客居住和旅游区空置的问题，是旅游地产住宅去库存的最好方法。运用这种模式，途家目前已盘活了 50 万套度假公寓，目前线上销售有 8000 多套。跟传统酒店比起来，这种模式只负责资源整合，没有酒店巨额的固定成本，收益空间高出许多。

另外，随着智能手机的普及，wifi、3G/4G 网络、移动支付的成熟，移动旅游产业固有的便捷、友好的方式决定了得移动端者得天下，移动互联网代表了旅游业未来的发展方向。

线下服务：强调项目开发技能

目前旅游地产面临的最大问题是"空城"：项目竣工了却无人居住，缺乏人气。原因在于，大多数

内蒙古呼伦贝尔民族文化创意产业旅游度假区

的旅游地产，在前期就按'旅游目的地＋住宅房地产'的概念规划，因此仅仅是在一个比较好的景区周围，建一个普通的住宅房地产项目，借助旅游之名搞房地产开发。这种项目曲解了旅游地产的本质，重视旅游服务功能和旅游价值，也不注重本身的服务价值，错位的规划设计打造出来的产品，自然后继乏力。就算注入 O2O 营销机制，也难以真正盘活。

互联网的加入会彻底改变顾客挑选旅游产品的方式。但在整个旅游的环节中，线下高品质的旅游体验才是顾客的核心诉求，在线旅游永远是依托于旅游产品的。不管携程网还是去哪儿，相对于房地产企业，它们都是辅助性的营销代理。只要有真正掌握优质的旅游目的地，才是旅游地产的核心。

因此，旅游地产，重点应落在旅游上。具体可以做的有信息披露，基础设施，尤其在散客游、自驾游成为趋势的背景下，这些服务能让游客享有多元化、定制化的方案。

在互联网时代，旅游地产提供的服务体验，也覆盖了线上与线下两个渠道。线上渠道，如旅游项目的 APP 与官方网站，作为消费者了解项目的主要渠道，它能不能提供诸如信息查询、在线预定、支付等良好的体验，直接关系到消费者的第一印象。从线下服务方面，基础设施的完善程度与项目内旅游服务同等重要。是否具备良好的交通条件、公共配套与一流的消费环境，是决定旅游项目能否吸引游客的关键。

线上数据：强调对战略、营销和服务的提升

数据质量直接关系到旅游投资的回报。它体现在两个方面，数据采集与分析将关系到渠道营销的精准性；另外，揭示消费反馈的数据有利于经营者改进服务质量，增加客户吸引力。比如社交网络点评、攻略等，对开发运营商来说，这类数据

旨在优化项目战略方向。传统上，消费者一般通过旅行社、知名酒店去规划行程，而在 O2O 数据介入后，形成规划完全可以通过网络评价来实现。因此，旅游项目需要根据反馈数据作出及时调整。

随着消费主权时代的到来，游客要去哪个景区、订哪个酒店已经可以直接在网上自主选择，掌握了主动权，信息的透明度增强也会督促开发运营商将更多的精力放在旅游项目本身的服务上。

互联网时代，旅游地产经营者切记：勿忘初心

互联网的本质是让渠道的成本最小化，彻底颠覆顾客和产品的连接方式。但在互联网时代，商业的本质——顾客需求，产品质量，并没变化。因此，尽管旅游地产 O2O 发展如火如荼，但从中受益较大的都是侧重于线上业务的渠道性企业，如 OTA 服务商携程、垂直搜索去哪儿和 UGC 企业

长春莲花山国际中央休闲区

蚂蜂窝等。而对于旅游地产开发商来说，虽然渠道的改变对去库存有明显促进作用，但旅游项目本身的竞争力才是成败的根基。

和商业地产 O2O 相比，旅游地产并不需要过分担心互联网对自己的负面影响。零售行业极力探索 O2O 机制是因为线上和线下购物的产品都是实物，二者能够极大地相互替代，因此互联化将渠道成本最小化的优势就体现出来了。但旅游地产却没有这个担忧。旅游作为标准的服务行业，核心产品是用户的旅游体验，线上和 O2O 业务只是产业链的下游。二者有产业集聚效果，但并不存在替代关系。因此，旅游企业要善用互联网手段，但更应从改善服务入手，提供良好的消费体验环境，才是旅游地产的生存之本。

再论海南旅游房地产业广阔前景

文：王一林

【编者按】2008 年，国际金融危机爆发，迅速波及国内房地产市场，悲观情绪笼罩。王一林以对海南稀缺资源的深刻理解和对中国房地产业的深入研究，准确把握中国宏观经济发展的大趋势，冷静分析全国和海南房地产市场。9 月 22 日在《中国改革报》发表了"海南旅游房地产业、高端旅游度假酒店业发展前景透视"的文章，从三个角度和八个方面论述了海南旅游房地产面临的广阔前景，并在文中首次提出了"国际化海岛的概念"，坚定看好海南旅游房地产业发展前景。2009 年以来，在国际旅游岛建设的有力推动下，海南旅游房地产市场实现了健康快速发展。事实有力地验证了王一林当初的判断和预见。

2012 年，为抑制房地产价格过快上涨，国家先后出台了一系列限购、限贷、房产税试点等调控政策，国内房地产市场观望情绪蔓延。在此背景下，王一林仍然坚定看好海南旅游房地产业发展前景，2013年 1 月 1 日在《证券导报》"海南金融"创刊号上发表了"海南旅游房地产前景乐观"的文章，同年 6月，他在接受《新华网》专访时大胆预见，如果雾霾再延续三年，我国部分地区中老年群体将会出现向海南大迁移的现象。2013 年，海南房地产投资额、施工面积、销售面积和价格的增幅，都高于全国平均水平，甚至高于一线城市，再次证明了他的科学判断。

2014 年，国家提出建立房地产调控长效机制，在此"新政"背景下，王一林撰写了《再论海南旅游房地产业广阔前景》的文章，从房地产税、刚性需求、战略性支柱产业、城镇化、稀缺资源等 10 个方面论述海南旅游房地产业发展前景。本文不仅对海南旅游房地产业具有重要的引导作用，对全国房地产业亦有一定的借鉴意义。

三亚财富海湾大酒店

改革开放 30 多年，我国已实现由总体小康到全面建成小康社会的历史性跨越。这时，人们更加注重追求物质享受和精神层面的消费，开始从生存型消费向发展型和享受型消费阶段过渡。到 2020 年，我国将全面建成小康社会，居民人均收入达到 1 万美元，城乡居民的储蓄额超过 100 万亿元，中产阶级不断扩大，人们追求品质生活的渴望不断增强，改善居住环境日益成为潮流和时尚，海南也将成为全国人民向往的最理想的"第二居住地"和"后花园"。

2013 年被称为我国房地产业市场化改革的开局之年，党的十八届三中全会明确提出，要充分发挥市场在资源配置中的决定性作用。这标志着政府房地产调控以行政手段为主的时代已经结束，进入了市场化改革的"新政"时期。在这种背景下，以稀缺资源为依托、以国际旅游岛为支撑的海南旅游房地产业面临着新的发展机遇，碧海蓝天的海南一定会在全国房地产市场中绽放出独特的光彩。

国家房地产"新政"释放出积极信号，将迎来相对宽松的政策环境

十八届三中全会提出，通过建立调控长效机制来促进房地产业平稳健康发展；李克强总理在今年政府工作报告中也指出，"要促进房地产市场持续健康发展。"这透露出政府的房地产政策正在发生重要变化，将更加强调市场化原则和差异化手段，释放出积极的信号，房地产业将迎来相对宽松的政策环境和市场环境。

市场化原则，形成"商品房归市场，保障房归政府"的双轨制调控模式。政府将充分发挥市场在商品房的建设、流通、消费等各个环节的决定性作用，形成市场调控机制。同时，政府将重点关注保障

住房建设，满足中低收入阶层的住房需求，努力做到"居者有其屋"。

差异化手段，强调"分类调控、分城调控"。短期看，一二线城市将以"稳定"为主，三四线城市以"防跌"为主。地方政府在房地产调控政策上将拥有更大的自主权，也会更加理性的对待房地产业的发展。目前，地方政府在房地产调控政策上已经出现"救市"的概念，比如像杭州、长沙、温州等二三线城市正考虑放开限购，无锡已宣布购买 60 平方米以上住宅可落户。

房地产是国民经济的战略性支柱产业，对促进经济平稳运行具有十分重要的作用

房地产业在任何一个发展中国家和地区都是重要支柱产业。我国正处在城镇化、工业化、农业现代化进程中，房地产业对经济发展的贡献十分巨大。根据产业经济学理论，某一产业占 GDP 比重超过 5%，即成为拉动经济增长的支柱产业。2013 年，我国商品房销售额超过 8 万亿，占 GDP 的 16%，占新增贷款的 26%，占政府收入的 39%。2006~2013 年，房地产投资额连续八年增速超过 15%，直接或间接地带动了 60 多个相关产业的发展，对 GDP 的贡献率达到 30% 以上，房地产业已成为我国国民经济的战略性支柱产业。早在 2003 年，国务院出台《关于促进房地产市场持续健康发展的通知》，就已经将房地产业定位为国民经济的战略性支柱产业。

从国际经验看，美国次贷危机引发美国金融危机，波及全球；日本房地产泡沫的破灭导致日本长达十年的经济停滞。可见，房地产业的健康发展对一个国家经济社会的深远影响。

当前，在中国经济"稳增长"的大背景下，房地

海南万宁日月湾

产业作为国民经济的支柱产业，对经济发展和社会稳定具有非常重要的意义。今年，国家推出470万套棚户区改造计划，投资将超过1万亿元。这在一定程度上凸显房地产业对经济平稳增长的重要意义。

城镇化建设方兴未艾，使我国房地产业保持长期稳定发展

目前，我国城镇化率为53.73%。根据国际经验，当城镇化率达到70%以后，房地产业发展速度才逐渐减缓。未来，随着户籍制度的改革，城镇化发展体制不断完善，我国城镇化还有较大的发展空间。根据联合国开发计划署发布的《2013年中国人类发展报告》，到2030年，我国城镇化率将达到70%，新增城镇人口3.1亿人，城镇人口将达到10亿人。这意味着，未来16年，我国每年城镇人口新增2000万，按现有人均居住面积24平方米测算，每年对商品房的需求量将超达到4.8亿平方米；按人均居住面积36平方米测算（2020年，全面建成小康社会的住宅目标），每年对商品房的需求量将超过7亿平方米，城镇化给房地产业带来的发展空间是相当巨大的。

另外，改革开放以来，已有2亿农村人口离开农村进入城镇，这些人返乡的比例极小，他们经过多年的打拼，也积累了一定的财富，对住房的有着强烈的刚性需求。

三亚海棠国际养生社区

房地产税将促进海南旅游房地产业持续健康稳定发展

党的十八届三中全会明确提出，加快房地产税立法并适时推进改革。未来几年，在房地产税立法、个人收入和财产信息系统不断完善的基础上，房地产税将在全国推行，可以在一定程度上抑制投机、投资性需求，对房地产市场的平稳健康发展具有积极意义。

但是从国际经验看，房地产税对房地产价格影响有限。分析美国、新加坡、中国香港等国家和地区的房地产税与房地产价格，二者之间的关联性并不明显。美国的房地产年税率为房产价值的1.5%~3%，家庭每年缴纳的房产税平均约为1800美元，分上、下半年征收，房价上涨的势头没有得到有效调控，2000年到2007年，房地产均价增长了48%；新加坡实行阶梯递进的房地产税，最高为10%，2014年提高至19%，每年征收一次，在高额累进税下，房地产市场依然红火，2010~2012年，房地产均价上涨了28.5%；香港的房地产税是由差饷和物业税构成的，每年征收一次，差饷税率为5%，物业税为15%，2003~2012年，香港房价最高上涨了9倍，达到5.5万/平方米，成为全球房价最高的十个城市之一。

纵观全球房地产市场，房地产价格的高低是由一个国家和地区经济社会发展的进程决定的。随着我国经济社会健康发展，绝大多数中高端人群有能力承受房地产税增加的持有成本，义无反顾地追求美好的生活。中长期来看，房地产税将有利于促进海南旅游房地产业持续健康发展。

"刚性需求"的内涵发生变化

20世纪八九十年代，我国住房资源非常紧张，近一半的城镇居民家庭缺房或无房，城镇人均住房面积仅为7平方米，二世同堂、三世同堂的现象非常普遍，甚至有新婚夫妇与父母同住一室的现象，城镇居民对住房的需求非常迫切。这种背景下的住房需求，我们称为传统的"刚性需求"。

随着我国经济社会的快速发展以及人民生活水平的日益提高，刚性需求的内涵正在发生巨大变化。

目前，我国城镇人均居住面积已达到 24 平方米，这时，城镇居民的生存型住房需求已经基本得到满足，改善性住房需求持续增强，据抽样调查显示，80% 以上的城镇居民对改善居住环境有强烈的愿望。同时，富裕群体和中产阶层不断扩大，其中，富裕群体 2008 年已超过英国，居世界第三位，改善型住房需求已经成为新的"刚性需求"。国际权威机构数据表明，65% 的富裕群体将拥有两处以上房产。这种"刚性需求"随着城镇居民收入水平的提高，将保持持续增长，推动房地产市场健康发展。

空置率高是旅游房地产的特征，折射出海南与世界著名休闲度假胜地的同质性

根据城市化理论，当经济社会发展达到一定程度以后，房地产需求将呈现三极化发展趋势。结合中国的现状，第一极是内地二、三线城市，属于居住型需求，以居住和生活为主；第二级是北、上、广、深一线城市，属于居住、发展型需求；第三极是宜居、宜养的海南和云南部分地区，属于享受型、改善型居住需求。

空置率是衡量房地产市场供求关系和投机程度的重要指标，但对不同类型的房地产具有不同的参考意义。从夏威夷、迪拜、马尔代夫、普吉岛等国际知名休闲度假胜地来看，旅游淡季的空置率也非常高，保持在 70% 以上。因此，海南和云南部分地区的旅游房地产空置率要高于二、三线城市和北、上、广、深一线城市。2011 年，海口和三亚的房地产外销占比分别为 53.6% 和 80.9%，其他市县岛外购房占比基本在 90% 以上。这一群体呈"候鸟型"特征，这就决定了海南旅游房地产空置率高的现象，折射出海南与世界著名休闲度假胜地的同质性。

雾霾以及生存环境的变化，凸显海南碧海蓝天的独特魅力

三十年多来经济的快速发展导致环境污染问题日益严峻，不仅受雾霾影响的地区不断增加，而且部分地区的土壤和水资源也受到了明显破坏，严重影响了人民群众的日常生活和身体健康。根据世界卫生组织（WHO）报告显示，2006 年，世界上污染最严重的 20 个城市中包括 16 个中国城市。

虽然国家采取了行政、法律、经济和科技等一系列防治污染的措施，但环境治理是一项长期性、复杂性、系统性工程。以雾霾为例，美国、英国治理雾霾用了 30 多年时间，国家相关部委表示，我国治理雾霾天气乐观估计也要 10~15 年。

生存环境的变化加速了人们向生态环境优良地区的迁移或分时段迁移的趋势，这日益凸显了海南宜居、宜养的地位和碧海蓝天的吸引力。目前，环境污染严重的地区的居民日益成为在海南购房的主力军。当前，京、津、冀等华北地区在海南的购房量占全省商品房销售总量的近 40%，与东北、江浙两地形成了在海南置业的"铁三角"。如果在未来一段时间内环境污染得不到有效治理，将会有更多的人到海南养生、养老。

稀缺资源的供求矛盾，使海南的每一寸土地增值无限

到 2020 年，我国将全面建成小康社会，国民生产总值和人均收入将比 2010 年翻一番。这意味着恩格尔系数将极大的降低，人们将拥有更多的财富去改善自己的生活环境。主要表现为享受更好地就业环境、医疗资源、教育资源、文化资源和生态环境。我们把拥有这些资源的房地产称为资源型地产，而拥有资源型地产的城市将产生集

海南三亚海棠国际养生社区

聚效应。如北、上、广、深圳和海南等地。

海南是我国唯一的热带岛屿，生态环境一流，自然资源丰富。位于全世界公认的最适于休闲度假的北纬18度，生态、环境、植被、气候、空气、蓝天、海水、沙滩的质量全国最优。美国国家地理杂志早在20世纪30年代就曾刊文指出，海南岛是除了巴厘岛、火奴鲁鲁之外，世界上第三最美的岛屿。

海洋资源丰富。海岸线1823公里，自然海湾68个，海水清澈，沙白如絮，中国虽然海域辽阔，但只有在进入南海后，海水才变得清澈，我国海水清澈度47米的记录就产生于海南。南海石油储量在230亿~300亿吨，约占全国的1/3，天然气20万亿立方米，被称为第二个"波斯湾"。

全国唯一的热带岛屿型山区。
海拔1000米以上的山峰81座，以五指山、尖峰岭、

七仙岭、吊罗山等最为著名，拥有亚洲至今保存最为完整的热带雨林，四季凉爽宜人，负氧离子含量可达每立方厘米10万个以上，居全国之最，是天然大氧吧。

空气质量全国最优。
森林覆盖率达62%，远高于全国平均水平。空气质量连续多年保持国家一级水平，空气污染指数（PM2.5）全国最低。联合国教科文组织2002年在全球158个城市的空气质量评比中，三亚排名第二，海口排名第五。

温泉资源得天独厚。
已探明温泉34处，平均每1000平方公里就有1处温泉，密度居全国之首，多数属于医疗热矿水，被誉为"温泉之乡"。

热带作物种类繁多。
盛产菠萝、龙眼、荔枝、椰子、香蕉、芒果、杨桃、

菠萝蜜、红毛丹等热带水果和100多种蔬菜。拥有4000多种植物资源，占全国的1/7，其中药用植物2000多种，占全国的40%，是中国四大南药（槟榔、益智、砂仁、巴戟）的主要产地，有"百果园"、"植物王国"、"南药宝库"的美称。

海南旅游房地产业具有资源型地产的典型特征，随着人们财富的不断增长，海南稀缺资源供求矛盾日益突出，每一寸土地都充满着生机和活力。

银发经济为绿色宝岛带来无限商机

我国老龄化进程进入加速时期，呈现出占总人口比重高、绝对额大的特点。国家统计数据显示，2013年，我国60岁以上的老年人口突破2亿，超过总人口的14%，约占亚洲老年人口的1/2、全球老年人口的1/5，是世界唯一老年人过亿的国家，也是老龄化程度最高的发展中国家。到2030年，我国老年人口将突破4.8亿，占总人口的35%，约占亚洲老年人口的2/5、全球老年人口的1/4，将超过发达国家老年人口的总和。

目前，"银发经济"正逐渐成长为一个庞大产业，根据全国老龄委统计数据显示，2010年，我国老年人市场的年需求已超过1万亿元，到2040年，银发产业的规模将达到16万亿。"银发经济"蕴含无限商机。目前，海南每年吸引近百万岛外老人到海南度假，这一趋势已成为推动海南旅游房地产持续健康发展的重要因素。

赡养老人是中华民族的优良传统，中国独生子女政策下的父母已经进入退休年龄，赡养老人的东方文化，在新一代独生子中得到了延续和发扬，那些有一定成就又在事业巅峰的年轻人，将海南作为老人休闲、养生的乐土，以尽他们的忠孝之心。

近年来，万科、绿城、保利等国内大型房地产企业纷纷在海南布局养老产业，各类保险资金和养生养老基金也将目光投向海南。作为全国最富养生、养老资源的地区，海南养老市场蓄势待发，发展空间巨大。

海南旅游房地产业将出现短期调整，但前景十分广阔

受国家房地产税、保障房、不动产登记等政策制度，以及灰色收入逐渐退出房地产市场、资本市场低迷等因素的影响，海南旅游房地产业与全国房地产业一样，将出现短期调整，大概要一年左右的时间。产生短期调整的原因，一方面来自于上述因素，另一方面来自于人们的心理预期。因此，短期内，房地产企业应保持宏观审慎态度，把握好开发进度和节奏，避免资金压力。

从中长期来看，海南旅游房地产业依托全国的市场和资源的稀缺性，经过短暂的调整后，将会继续保持长期稳定的市场需求，这是供求关系决定的，符合经济的基本规律。即使全国房地产业受人口结构变化及城镇化进程放缓等因素影响，出现拐点后，海南旅游房地产业仍将保持长期稳定的发展态势，走出一条与全国房地产业截然不同的路线。

作者简介：

王一林，中国银行海南省分行党委书记、行长，海南省政协常委，海南银行业协会会长，经济学博士，高级经济师，中南财经政法大学、海南大学、广东金融学院兼职教授及硕士研究生导师。编写多部金融专著，其中《海南金融20年》被列入《海南历史文化大系（特区卷）》，《转轨时期商业银行风险研究》获省部级社会科学专著二等奖，参与《金融学》等8部经济金融类书籍的编著。公开发表论文50余篇，其中《关于国有商业银行股份制改革目标的理论思考》、《对防范国有银行业风险的制度思考》、《海南旅游房地产业、高端旅游度假酒店业发展前景透视》等10多篇论文获全国及省部级科技成果奖和优秀论文奖。

观点热议篇

旅游城镇的可持续发展之路
——美国奥林匹克国家公园行记

文：赵云伟 徐小茜 程晓珊 \ 洲联集团

一部电影可以让人爱上一座城市。《西雅图不眠夜》让全世界的人们记住了一位失意的巴尔的摩建筑师，也记住了西雅图的连绵雨夜。而从2008 年开始，《暮光之城》系列电影，让奥林匹克半岛的三座小城成为尽人皆知的吸血鬼故事的发生地——女主人公贝拉的出生地、全美雨水最多的小镇福克斯（Forks）；贝拉和爱德华第一次约会的小城安吉利斯港（Port Angeles）；以及狼族的栖息地拉普什（La Push）。

今年五月的西雅图骄阳似火。五合国际此次访美的主要目的是与华盛顿大学亚洲城市中心（Asian Urbanism）签署为期 5 年的合作研究计划，开展项目合作，互派研究人员。访美期间，同事们驱车前往奥林匹克国家公园（Olympic National Park），考察景区规划及周边旅游城镇的开发和建设情况。奥林匹克国家公园位于西雅图以西的奥林匹克半岛，是美国的第二大国家公园，也是世界遗产。公园占地 3626 平方公里，拥有雪山、湖泊、海滨、雨林等多种景源特质，被称作美国的"地理教室"。同时，奥林匹克国家公园周围地区分散着 10 多个印第安人长期居住的部落。丰富而独特的自然资源和历史资源，使奥林匹克国家公园名扬四海，成为美国游客量最多的三大国家公园之一。

安吉利斯港市（City of Port Angeles）

从西雅图出发，乘轮渡跨过普吉特海峡，到达班布里奇岛，然后驱车前往奥林匹克国家公园。安吉利斯港市（City of Port Angeles）是国家公园北大门的所在地，也是奥林匹克半岛上规模最大的城市。安吉利斯港南望奥林波斯山，北与加拿大的维多利亚隔海相望。全市总占地 27 平方公里，居住人口 19154 人。其规模也就相当于中国的小城市。华盛顿州著名的半岛学院（Peninsula College）就坐落在城市边缘。每年，这里接待来自世界各地的游客，是半岛最重要的旅游集散基地。和国内的旅游城镇不同，安吉利斯港并没有过多的旅游地产项目，游客也是散落居住在小镇中经过改造的小酒店。我们有幸拜访了市政厅，了解到一些小镇的发展历史和规划。

历史上，安吉利斯港曾经是北美重要的港口城市，大量的木材从这里运往世界各地。至今，小镇北

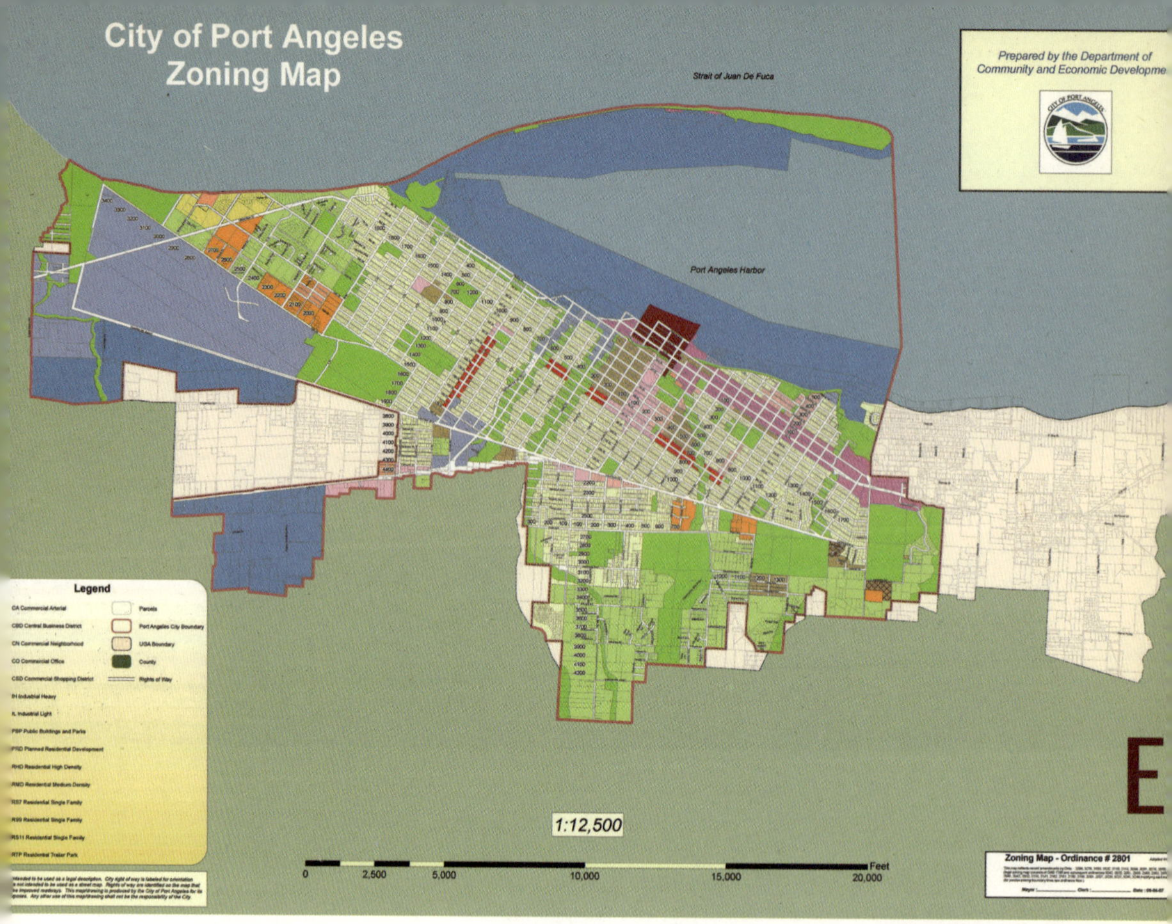
City of Port Angeles
Zoning Map
Strait of Juan De Fuca
Port Angeles Harbor
Prepared by the Department of
Community and Economic Developme
Legend
CA Commercial Arterial
CBD Central Business District
CN Commercial Neighborhood
CO Commercial Office
CSD Commercial Shopping District
IH Industrial Heavy
IL Industrial Light
PBP Public Buildings and Parks
PRD Planned Residential Development
RHD Residential High Density
RMD Residential Medium Density
RS7 Residential Single Family
RS9 Residential Single Family
RS11 Residential Single Family
RTP Residential Trailer Park
Parcels
Port Angeles City Boundary
UGA Boundary
County
Rights of Way
1:12,500
0 2,500 5,000 10,000 15,000 20,000 Feet
Zoning Map - Ordinance # 2801
E

安吉利斯港区规划图

部仍保留着港口，并有开往温哥华的客轮。奥林匹克国家公园成立于 1935 年，自此时起不再允许砍伐原始森林。大量的港口用地被荒置多年后，城市政府将码头改造成为极具活力的城市滨水空间，将原来运送木材的铁路改造成滨水绿道。这些滨水空间与城市南北向的巨型绿道相连，形成了极具特色的绿地系统。山、海、城融为一体，不仅提高了当地居民的生活质量，也丰富了游客的游览内容，大大提高了游客过夜的可能性。值得一提的是，安吉利斯港城市政府并没有把开发旅游地产作为城市发展的主要动力，而是将重点放在如何提高城市居民的生活质量方面。自 20 世纪 80 年代以来，安吉利斯港的人口一直保持着 3%~5% 的持续稳定增长，而且白人人口比例高达 91%。房地产市场持续稳定，一套 3 卧室的独栋住宅售价在 20~30 万美元。

活跃在安吉利斯港区的海鸟的雕塑

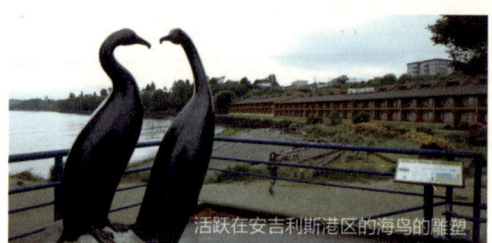

安吉利斯港南部附近的奥林匹克国家公园的雨林

安吉利斯港曾经是北美重要的港口城市，大量的木材从这里运往世界各地

从市政厅的数据看，安吉利斯港居民就业比例最高的行业依次是运输业、零售业和服务业。与旅游相关的服务业仅排在第三位，这和美国本土游客的出行方式不无关系。自驾游是他们参观美国国家公园的最佳方式，越来越多的美国人愿意选择住在景区的简易客栈，甚至是房车营地。旅游城镇逐渐变成了补给中心和服务中心，而不再是唯一的旅游集散中心。

因此，我们看到的安吉利斯港市是一个美丽的、本地化的宜居城镇，而不是一个人工化的、商业化的旅游城镇。

福克斯镇（City of Forks）

福克斯镇因附近的许多支流（奎鲁特河、博加奇尔河、卡拉瓦河和索尔达克河）在此汇聚而得名，因《暮光之城》系列电影而闻名于世。这里常年多雨，是全美雨水最多的地区。福克斯于1945年建市，占地面积只有9平方公里，却有自己的机场和对外交通枢纽中心。从规划上看，小镇商业主要沿101公路两侧分布，而市政厅、学校、教堂布置在社区中心位置，城市尺度相当宜人，公共建筑非常有设计感。2012年福克斯居住人口为3692

安吉利斯港的 Bella 意大利餐厅，是《暮光之城》主角们约会地方

人。平均家庭收入为 34280 美元 / 年，低于华盛顿州的平均水平。2000~2010 年，人口增长超过 10%。

历史上，福克斯一直以伐木业为主、旅游服务业为辅。在夏季，游客大多到附近的国家公园、海滩、支流和热带雨林游玩、垂钓，把那里作为行程的落脚点或中转站。20 世纪 80 年代，伐木业衰落，木材厂倒闭、失业人数增加、商业活动停滞、部分高中停课，一些小镇居民甚至开始外迁……小镇发展一度停滞不前。随着旅游产业的复兴、奥林匹克国家公园的游客数量逐渐增加，作为国家公园的补给站，福克斯的发展逐渐恢复了往日的生机，接待游客数量保持在 10000 人 / 年。

幸运的是，由于福克斯小镇潮湿多雨，四周围绕高耸的道格拉斯冷杉、铁杉、云杉和稀有红雪

松，这正好符合史蒂芬妮·梅尔（Stephenie Meyer）对构思的小说背景地的想象，最终使福克斯小镇有幸成为畅销小说改编的吸血鬼电影《暮光之城》（The Twilight Saga）的故事背景地，帮助小镇获得了新生。电影上映后，人们开始关注福克斯，不久后就有小说迷和忠实影迷慕名而来，亲身体验剧中人物的感受。据当地政府机关统计，自从小说原著在 2005 年推出以来，福克斯数年都举行了"史蒂芬妮·梅尔暮光之城"庆祝活动，造访小镇的观光客人数暴增。2008 年增长到 19000 人，2010 年增长到 73000 人。

旅游业兴旺带动经济好转，最初当地商人不以为然，后来则争相投入这场游戏，开发出各种"暮光主题"的旅游服务：餐馆提供"暮光之城主题套餐"；汽车旅馆把客房改成了"贝拉套房"；汉堡店热卖一种插着塑料吸血鬼尖牙作装饰的"贝

电影《暮光之城》主角们所在的学校，就在福克斯中学取景

拉汉堡"；几乎每家商店都出售"暮光短袖衫"。然而，游客的涌入并没有让镇上的每个人都获益。访客中心增加了工作时间和人手，以应付高达每天 700 人的高峰期。与此形成鲜明对比的是，隔壁的木材博物馆的参观人数却递减，每天只有 30 到 60 人的访问量。很多居民也在抱怨日益增加的交通流量。尽管如此，大部分人还是希望这股热潮尽量多持续几年。最起码，它已经让这个在群山之中、雨雾笼罩的小镇不再默默无闻。

和中国的旅游城市不同，旅游业的兴旺并没有使福克斯遭到破坏或拆建，小镇居民依然保持着正常生活和生产活动。小镇规划中也并没有增加专门的大面积的旅游开发。大部分公共建筑都是以生态节能和可持续的理念设计建成，场地设计和绿化设计都考虑了雨水的自然渗透和中水再利用。除了表面能看到的在地表径流区的渗透设计，在地下也有一系列的雨水处理系统和城市管道等。这些建设虽然一次性投入较大，但是累积起来就

是有效的节能和持续发展的长效机制，作为一个旅游接待的生活气息浓郁的小镇，各方面能自身良性运营，这些建设量已经足够了。

依靠一部电影而大热并不是小镇复兴的长久之计，福克斯正在寻求新的持续发展的线路—结合附近几大自然景区，作为集中共享的接待小镇，它可以提供客房、访客中心、医疗设施、以及生活必备的商业、休闲、教学等配套。随着小说和电影的情节发展，同周边的旅游景点和旅游城镇串联起来，成为了《暮光之城》"主人公活动的关键场所"完整的主题游线，让小说迷们去到事件发生地，重温小说情景和主人公的心境。游客在福克斯仿佛跳进一本书，走进了小说场景一般真实——"小镇有一种原始的美，一种神秘的美"，而这正是美国大城市和福克斯这种小镇的区别，也是其魅力所在，小说只是增加小镇知名度的媒介，而维持优越的自然景观本底和供应完善的功能配套本身，才是其长期有效吸引游客的关

商店、餐厅墙上展示出福克斯作为的接待小镇，同周边景点、国家公园串联起来，成为了《暮光之城》完整的主题游线

键。这种旅游模式的成功，从美联社的分析中就能得到印证：影迷们是想了解小说内容与现实的契合度。

也许在很多年后，当大家遗忘了小说《暮光之城》，福克斯也不会因为当初迎合旅游而盲目扩张或大量建设，带来日后无人维护和使用的负担；也不会因为摈弃了传统的生活方式，转而进行大量与小镇生活无关的旅游开发，而让本地物价飞涨或居民无家可归……只有回归本质生活，保护生态环境，才能使像"暮光之城"——福克斯一样的小镇，成为真正可持续发展的吸金热土。

拉普什（La Push）保护区

拉普什位于美国华盛顿州最西端半岛西北海岸的海滩，这里是奎鲁特印第安部族的故乡，属于奎鲁特印第安部落的保留区最为聚集的社区，总人口约为 350 人，该区域地处奥林匹克国家公园的国家野生动物保护区，具有独特的生态资源及海岸景观环境，拥有奥林匹克半岛第一海湾之称。该部落总面积 2.6 平方公里，其原始领地沿太平洋海岸延伸从奥林匹斯山的冰川雨林的河流，他们在这里的居住历史长达数千年之久，直至今天仍然拥有这片土地的自主管理权。

拉普什保护区于 1889 年建立，原有 252 个居民。拉普什村落布局依海而建，世代以捕鱼及伐木为生，尤其以捕鲸而闻名，因此美国政府于 1974 年由华盛顿州地方法院与华盛顿州的公民部落共同制定"条约捕鱼权"，允许指定渔业的 50% 根据部落的规定对捕鱼共同管理，以此在保护海洋物种的基础上支持和延续印第安部落的传统生活方式，并通过增加海鲜市场、鱼类孵化场，新建游艇码头等举措改善整体部落的产业结构。目前部落居民都是来自千百年来的印第安后裔，但印第安部落仍然处于美国最为贫困区域，政府在给予经济支持之外，还通过开设邮局、奎鲁特部落学校、小型博物馆等配套服务设施来完善部落的

拉普什是印第安保护区，随处可见图腾等印第安文化的体现

生活功能。

近年来，奎鲁特部落也因史蒂芬妮·梅尔的系列小说《暮光之城》的描写而吸引着无数的小说迷们，拉普什优美的景观环境为寻求休闲度假的游客和活力冒险运动者提供了最佳去处，也因冲浪运动与观赏鲸鱼迁徙而更加闻名，每年七月中旬举行的部落庆典，通过印第安部落的文化与现代生活方式的结合、形成烟花汇演、艺术与工艺、传统烤鲑鱼、舞蹈、歌曲，及其他野外运动等旅游活动，目前拉普什已成为著名的海滨度假胜地。因此在对部落的规划布局中，增设了旅游配套功能，他们开了一个全方位服务的季节性餐厅，建成15个新的豪华客舱，海洋公园及海岸度假村，并设有汽车旅馆、联排别墅和小木屋，以此支持当地的旅游需求，部落的所有设施由奎鲁特部落族委员会统一管理。

2010年8月，美国华盛顿州奥林匹克公园遭遇西海岸强风，刮倒大量红杉树于太平洋，并被海浪冲上沙滩，奥林匹克公园的海岸线被连绵的红杉树林覆盖，拉普什月牙湾海滩一夜之间散落了无数的树木树干及断枝，其中巨型杉木长达60米，直径达4米，整个月牙湾岸线的三个沙滩形成了独特的海岸奇观。

目前拉普什的发展在尊重传统生活方式与保护现有资源环境为前提的基础上，用自己的方式保护着家园，保持朴实的印第安生活特点并有序地进行部落建设与完善，作为美国数不多的印第安部落保留区，自主成功地将传统文化习俗与现代文明自然结合，这就是拉普什的独特魅力。

几点启示

目前，受呼伦贝尔市鄂温克族自治旗政府委托，五合国际正在进行红花尔基旅游城镇的城市设计

工作。该镇位于大兴安岭红花尔基森林公园的山脚下，周围有丰富的樟子松资源和水源保护地。城镇居民以林业工人为主，包括鄂温克族、达斡尔族、蒙古族等十多个少数民族。在进行城镇化改造和旅游开发的进程中，如何保护和利用自然资源，如何形成特色旅游城镇，如何提高城镇居民的生活质量，如何保护少数民族的历史传承，这些都是城市设计要考虑的重点。本次造访的奥林匹克国家公园的旅游城镇的保护和开发对下一步的研究和设计有着十分重要的借鉴意义。

拉普什月牙湾海滩散落了无数的巨大的树干及断枝，景色独特壮观

1. 崇尚自然。虽然奥林匹克国家公园的管理范围并不包括以上三个旅游城镇，但这些城镇和地区一直保持着与山和海的和谐关系。在街道和公园都能看到美丽的自然风光，在安吉利斯港大部分都是3层以上的建筑，而福克斯的房子都是1~2层的。虽然建筑相比欧洲小镇来看显得简易些，但小镇与自然的融合才是美国小镇的精华所在。

拉普什月牙湾岸边的房车营地

2. 尊重历史。在整个奥林匹克半岛，像拉普什这样的印第安部落保护区有很多。美国对历史的尊重，更多体现在对原住民的尊重。联邦政府投入大量财力物力，用于改善原住民的公共设施，为他们提供平等的教育机会。政府并没有像中国那样，以恢复历史地区空间环境、开发旅游为主要目标。更不会在历史地区规划新建所谓的文化地产项目。

3. 精明增长。单从近些年城镇人口规模和用地规模的增长情况看，这些城镇的增长速度比中国慢得多。事实上，这些城镇一直不断地在进行升级改造，以留住更多的居民。相比华盛顿州平均每个家庭收入56000美元来讲，这里的城镇家庭收入要低很多。但这里的居民却享受着同样水准的公共设施，同时更接近大自然，出行更方便。

4. 市场为本。为什么没有人在国家公园周围的城镇开发大规模的旅游地产？为什么这些城镇居民没有被拆迁、被上楼？其实，并不是美国对国家公园以外的地区有更严格的控制开发建设要求，而是因为没有市场需求。由于土地私有，更多的美国人愿意选择在风景优美的地区购置一块地，自建个性化的第二居所，有的甚至是第一居所。在小城镇里，集中开发建设的往往是缺乏个性化特征的公租房，需求者往往是本地的低收入人群。

总之，旅游城镇的开发和建设应该立足于本地城镇居民的根本利益，注重自然环境和文化历史的保护。在美国，任何规划都要以提升本地居民的生活质量为目标，并在征得本地居民的同意后方可实施。这种精明增长的规划理念正是我国新型城镇化过程所亟需的。

拉普什新建的游艇码头，改善整体部落的产业结构

旅游地产之风景名胜区

文：周雄 \ 中国风景名胜区协会副秘书长

何为旅游地产

实际上，"旅游地产"本质上还是"地产"，所以，我认为，广义的旅游地产概念，应该是"凡与旅游业相关的房地产开发形式和物业形态，均可称旅游地产"。

按目前社会上已有的旅游地产项目归纳，主要可分成二类：

一是在"旅游目的地"或周边开发的、以该目的地的优势作为本项目主要特色的房地产项目。该类项目功能相对单一，如：各种"某某景住宅、酒店"等；

二是项目本身兼具"旅游功能"的各种房地产项目。该类项目功能相对综合，如：各种"主题公园"。

前者仅仅是利用旅游资源而已，后者是融合，真正把"旅游"的概念融合到房地产项目里。但不管怎样，这两类都属"旅游地产"范畴。

风景名胜资源的开发

"风景名胜资源"是属国家的一种特殊公共资源，由其构成的"风景名胜区"是一个特定的地理行政区域。按照我国国务院颁布实施的《风景名胜区条例》的界定，风景名胜区"是指具有观赏、文化或者科学价值，自然景观、人文景观比较集中，环境优美，可供人们游览或者进行科学、文化活动的区域。"

我国自 1982 年设立风景名胜区以来，风景名胜区已经成为我国旅游经济的重要载体和增长点。据《中国风景名胜区事业发展公报》显示，"'十一五'期间，我国国家级风景名胜区共接待游客 21.4 亿人次。其中，2010 年国家级风景名胜区接待游客 4.96 亿人次，比上年增长 10%，占

广东英德广晟生态城

全国国内和入境过夜游客总数的 23%；接待境外游客 1171 万人次，占全国入境过夜旅游人数的 32%；直接旅游收入 397 亿元，增长 11%，占全国国内和入境过夜旅游总收入的 2.5%。"

目前，我国具有最优质旅游资源的风景名胜区，是最主要的旅游目的地，理所当然的得到了房地产商们的投资青睐。但由于风景名胜区的主要功能是"风景名胜资源保护"，因此，这里的"旅游地产"应必须明确两个前提：

一是风景名胜区的土地虽权属多样，但共同一点是"不能出让"，不能像传统房地产项目那样可以"买卖"，给客户以"产权"或"物权"；

二是风景名胜区虽明文规定，"禁止违反风景名胜区规划，在风景名胜区内设立各类开发区和在核心景区内建设宾馆、招待所、培训中心、疗养院

以及与风景名胜资源保护无关的其他建筑物"；但"基础设施、旅游设施、文化设施等"依然是风景名胜区必须建设项目，依然需要包括房地产商在内的众多投资商参与开发建设。

所以，"旅游地产"在风景名胜区的体现，不是简单的"旅游＋地产"，更多的实质应该是"资源＋资本"的概念，"地产"在风景名胜区里，更多体现的是"资本"概念。

一是可以参与景区规划确定的各种游览设施、接待设施的开发建设，并在经营过程中获得回报，或在景区包括门票在内的其他收益中得到补偿；同时，利用房地产业在筹划、设计、经营和管理过程中的成熟经验，为风景名胜区设施的建设和经营水准"锦上添花"。

二是目前我国的风景名胜区尚未实行"国家公园"

昆明长城电影文化中心

体制，采取的是属地管理，且多以"门票经济"为主。风景名胜区游览和接待设施如果有更多社会资本和成熟经营理念的引入，将在一定程度上缓解景区"门票经济"对资源保护的压力，有利于风景名胜区的可持续发展。

风景名胜区内的高端酒店
"高端度假酒店"面对的首先是"高端度假客人"，其需求的核心是"高端"，尤其是"设施和环境"。在风景名胜区里，环境的高端已经毋庸赘言，关键是设施，应该与一般的酒店不一样，决不能按照城市酒店的"星级标准"来衡量。除了常规的度假设施，更多应该体现的是要让度假客人感受到与所在景区相一致的自然和人文体验。这是风景名胜区内所谓"高端度假酒店"与一般酒店最不一样的也是最困难的地方。同时，度假酒店追求的度假环境应该是相对封闭和安静，这与风景区内"游人如织"的游览环境又相对"背离"，若太封闭，就与风景名胜区"大众"、"公益"属性相悖，若太开放，将影响度假酒店的度假氛围。

这也是风景名胜区内高端度假酒店的困难之一。

目前，除了采取规划手法将游览、度假客人利用不同的功能分区、游览线路科学合理的区分外，似乎没有更多的技术手段。

风景名胜区内的旅游地产
在一般的旅游景区内进行"旅游地产"开发，相对于在风景名胜区内简单很多，但整体来说，目前旅游地产还是炒作概念多，实际项目研究少，尤其是针对风景名胜区。

在我国尚未建立国家公园体制的现阶段，从旅游地产与风景名胜区的角度，未来我更看好的是风景名胜区周边的"旅游地产"——旅游小城（村）镇。不管是从我国的旅游发展趋势看，还是从村镇发展需求和国家政策来看，风景名胜区周边的村镇一定是未来旅游地产的"潜力股"，非常值得期待。

海南琼中红岭环湖国际旅游度假区

海南琼中红岭环湖国际旅游度假区

酒店业与旅游地产的相互依存

文：满莎 \ 洲联集团

中国旅游业的发展是从入境游开始，逐渐衍生出自本土发展起来的旅游地产。在旅游地产中产品业态多样、档次多级，除了旅游地产中的主题产品外，还有定位相匹配的酒店、商业等业态类型。这些业态也已成为旅游地产中约定俗成的必选项。而酒店从最初作为配套但不盈利型的产品，逐步成为旅游地产中重要组成部分。

伴随酒店产品投资主体走向多元化，民营企业、国内外房地产投资结构、投资基金等要求的不同，使得酒店业不断改善经营模式，满足不同投资需求。同时国内入境游的开放加速，例如 72 小时免签入境，以及更多国际消费需求的多元提高，使得酒店业的设施、服务、环境等要素快速走向国际化。

与国际同类旅游地产中的酒店设施相比，我国同类产品仍然存在较大差距：1. 缺乏产业调控，产品同质化严重。2. 旅游地产内物业所属关系不明晰，无法整体控制项目品质，消费满意度降低。3. 旅游消费产品与酒店物业品质不匹配，产生错位消费。4. 旅游业主题特色与酒店主题契合度弱，难以达成项目整体共赢的效果。

总之酒店业与旅游地产目前存在的问题都不是产品自身设计问题，而是二者间品牌错位、物权混乱、定位片面、主题差异等问题。如果解决好二者互相的影响问题，可以达到 1+1>2 的成效。例如酒店业介入旅游地产的经营管理，有助于酒店业在酒店产品和管理模式上的实用性创新，且可以共享客户群。达到二者的共赢，有以下四方面的手段：

一、构筑企业、地产、酒店共同品牌，有助于实现共赢

开发商视品牌为企业灵魂，旅游地产行业内、企业、行业协会也日益重视品牌的评选和建设。华侨城

昆明安宁心景禅 温泉度假酒店

从最初的主题性地产开发走到今天成为旅游地产企业的楷模，其品牌的建立经过近 30 年的锤炼，提升了品牌知名度、品牌美誉度，最终保证了消费者对品牌的忠实度。

开发企业、旅游地产的品牌知名度/美誉度可缩短酒店的客户培育期。这种方式最成功的是万达集团。2012 年万达集团转型，瞄准文化旅游产业。计划在 2016~2017 年建成 4 个"万达城"，每个万达城里有 6~10 个万达星级酒店，且全部为 2012 年创立的万达自有酒店品牌"万达酒店"。如果没有企业品牌号召力，无人敢在一个旅游地产项目中建设如此多的自有品牌酒店。

同理，利用酒店品牌的忠诚度同样可以带动旅游地产。酒店忠实的入住者可作为投资者反哺地产，为旅游业带来新增长点：1. 投资型业主在酒店入住期间具备较强的综合消费能力，为其他产品积攒消费动力。2. 投资人会为酒店推介展览、会议等活动，为其他板块带来消费经济价值。3. 利用客户资源，通过产品设计、客户服务引导的手段引导业主分时到其连锁酒店进行度假，来平衡各地区酒店淡旺季出租率的问题，同时带动旅游地产。

二、酒店多元、多级化，提高服务成本，带动地产品质提升

很多旅游地产中的酒店产品满足不了本土化、多元化的市场，定位还处于发展初期，停留在旅游星级酒店的经营管理上。许多旅游地产热衷于引入知名度很高的酒店管理公司，导致各地旅游酒店同质化严重。经常可看到同档次五星级酒店扎堆于单一旅游地产中，价格相仿，产品类似。而往往入住率最高的产品是在客户资源、产品消费模式上采取多元、创新方式的非星级酒店。

第一是服务的全面系统性。细致的服务内容，多元、

三亚财富海湾大酒店

昆明安宁心景祥温泉度假酒店

云南丽江杳巴拉温泉酒店规划

唯一。例如西马的绿中海，其服务从对外交通开始，拥有专属机场可直飞到达。为保证私密性和岛屿生态环境，只有酒店客人可上岛。且控制客人数量，客人与服务人员的比例是1：2，保证高品质服务。因其优质生态环境，岛上随处可见猴子、犀鸟、海蜇、螃蟹等。这样细致、多元、唯一的体验，自然将这个低调的岛屿酒店划到了高端度假酒店的行列。

第二需要关注的是消费需求的多元化。对于单一旅游地产项目，由于其规模较大，面向的消费者有档次之分，如酒店能产品多样、定位多元、针对性服务，则可避免出现产品错位、降低消费满意度等现象。例如哈尔滨万达城，总用地1.8平

方公里，其6个万达酒店共计1950间客房，分三个级别：一个五星级酒店、两个四星级酒店、三个三星级酒店满足不同档次客户需要。同时，明确主力客户群的占比，三星级酒店占30%。

第二是客源经营多元化，客源同旅游环境是分不开的，旅游地产发展迅速，可改变旅游客源大环境。客源网络建设、企业会员计划等都可以吸引大量的客流。而与航空公司的常旅客计划结合，可以在建立强大客户数据库的同时，将其列入目标客群，留意其旅行动向。例如万达集团在进军文化旅游地产之后，与一些旅行社进行深度合作，甚至以收购的方式，不但健全了旅游业全产业链，同时还可以保证产业链每个环节的可控性，最终

云南丽江香巴拉温泉酒店规划

江苏常州恐龙谷温泉酒店

辽宁葫芦岛红麦坊酒店

实现企业内部的全产业共赢。

三、酒店产品资产化，助推旅游地产长效运作

酒店是复合型投资产品。它具有双重属性：一个是消费属性，满足消费者对旅游、休闲、住宿、餐饮等消费需求；另一个是不动产投资属性，做为旅游地产的一部分，酒店也是商业房地产投资开发产品，具有较强的投资经营和资产增值价值。产权式酒店就是衍生出的一种可租可售的高端产品。但目前市场上多关注其第一属性，第二属性目前属起步时期，有许多需完善的方面。

第一，重新认识酒店在旅游地产中的新型定位。旅游地产开发之初，酒店产品由于资金沉淀、近期投资回报率低等问题往往是地产开发最为犹豫的建设产品。其定位、建设、管理难度也是所有业态中最有挑战的业态。最初酒店以配套身份出现在旅游地产当中时，并没有多少建设方看到它的盈利点。但当酒店品牌建立，其高标准、高服务的特性被市场认可后，其掘金点也显现出来。

其次需要考虑酒店资产的类型。前几年开发企业对待资产化酒店的常见态度：1.借旅游地产、酒店为名，销售别墅、洋房；2.远期规划，近期宣

北京首旅度假酒店鸟瞰

传；3.控制规模，多以小型会所建设。这些仅为旅游地产的短期效益，实际上削弱了酒店所能带来的长远影响。近年将传统酒店与销售产品结合，增强酒店服务成本，辐射销售产品，打造酒店管理式的分时度假产品，不但提高了销售产品的后期环境品质，还保证了酒店产品的投资回报率。

四、酒店服从旅游地产总主题，塑造多元化分主题

旅游地产从单一、传统的主题逐步走向综合、新奇主题。酒店产品如果孤立造就主题文化，会弱化项目主题的整体性。过度顺应项目主题会缺少酒店特色。所以选择特有主题，及主题多元化是

解决旅游地产中酒店产品主题特色的手段之一。酒店产品的主题选择：首先应服从整体主题的塑造，其二是自身主题的提炼，其三是强化二者的相关性。

常州恐龙谷温泉度假酒店位于中华恐龙园东侧，其定位是中华恐龙园的高端配套。第一主题是"恐龙时代"。采用恐龙时代的动植物原型为创意元素。建筑外观采用层叠、铝板与玻璃面穿插的方式，模仿白垩纪时代岩层横断面。公共空间如原始森林中岩层突出主题，增加空间体验。第二主题是"温泉"，这是酒店自身主题，从室内的温泉泡池到室

河北秦皇岛黄金海岸盛泰建国饭店

外的风情泡池，结合建筑岩层般的外立面，仿佛置身于原始森林中体验温泉。二者从功能、环境营造两方面都达到高度契合。

旅游地产与酒店产品在开发理论上是两个层级的产品。旅游地产包括资本运作、产品开发、资产管理，而酒店产品多体现在商业经营、酒店的后期运营管理上。但伴随社会经济发展，消费者对生活品质的要求提高，生活方式及消费观念的改变，中国现代旅游业已不仅仅是观景，更多是体验，它已经成为一个社会经济活动。酒店产品满足其品牌化、多元化、资产化、主题化的要求，除了提供住宿等服务性需求，更可以与旅游业、旅游地产互动开发，达到产业的共生共赢。

江苏常州恐龙谷温泉酒店

浅谈体验型商业中的主题

文：宋寅伍 \ 洲联集团

消费者的日趋分化

中国消费者分化的趋势从初显到目前积累数年，已经表现出明显的分层。一方面整体可支配收入的不断增长，让消费者可以选择基本生活所需之外的商品和服务，多样性丰富了不同的个人偏好；另一方面，消费者内部的收入差距也差异化了他们的消费行为。麦肯锡公司关于中国消费者的报告显示，收入较高的富裕消费群（家庭年收入超过 22.9 万元）和新主流消费群（家庭收入在 10.6 万元到 22.9 万元之间）的消费行为越来越接近于西方，相比于大众消费群追求"实实在在，物有所值"，他们越来越支付溢价来购买自己喜欢的品牌，对品牌的忠诚度（33%，2012 年）也接近发达国家的水平（美国 37%，英国 42%）。

遂宁河东新区福乐园

遂宁河东新区福乐园

随着新富阶层数量的增长，原先差异化的个体需求逐步汇集成了一股股不可忽视的垂直细分市场，再加上电子商务对一般无差别的标准化产品的销售渠道的逐步蚕食，这些力量重塑了我们当前所见的零售行业的风景。不仅商品的种类逐步繁荣和细化，它们流通陈列的模式也在改变。一方面，为了提高特定目标消费人群的粘性，商业体需要有针对性地挑选商品种类、烘托商品陈列方式，这让它们很自然地表现出某种"主题"性；同时，强化体验性的商品和服务品类得以增加，也给主题商业的表现形式带来了巨大的扩展空间。

主题的选择

商业的主题性是提高自身辨识度，区别于其他商业体的重要特征，但它仍需要建立在足够的商业覆盖人群的基数之上，才具备商业可行性。国内各种主题性商业发展至今，现存的大约包括如下几大门类：

1. 文化艺术类：上海 K11 和北京芳草地是文化艺术类商业体的典型代表，这种类型的商业体在设计前期（或改建）时就将商业体当作未来文化艺术活动的举办地，商业体内的空间分布、建筑材料的运用和装饰物品的摆设等都融入了文化艺术的理念。这种主题的商业体在某种程度上是分化了博物馆和美术馆等公共文化场所的部分功能，通过商业载体来运作自身的文化资源。如果文化艺术类资源具有排他性的吸引力，文化艺术又能反哺商业，两者互为表里，相互支持。珍贵而不可复制的文化艺术资源是这类商业体成功运营的保证。

2. 儿童亲子类：中国对儿童各方面的大力投资构成了一个迅速成长扩张的市场。除进一步深耕儿童市场的衣食住行领域外，各类儿童教育也纷纷涌进商业体内。酷贝拉、星期八小镇等为典型的儿童职业体验馆，作为风靡一时的亲子类游乐活

东方盐湖城

动，成为主力店被引入商业体内。今年"碧桂园欢乐城"直接打出了"中国儿童体验第1MALL"的推广标语，用儿童主题来驱动餐饮、休闲和购物等业态。儿童亲子类主题的商业体开始被直白地推向市场。

3. 女性主题类：女性作为商场内购物的主要消费群体，也曾被作为一个重要的细分市场来对待，商业体内业态上多偏重于女性服饰、化妆品、美容美发美甲和相关餐饮等，但也大多仅限于此。商业体的配套设施和软件服务仍旧缺乏女性独特

的体验感，最终难以与一般商业体区分开来。后期业态的不断调整，也逐渐淡化了初期的"女性"主题性。

4. 美食主题类：餐饮是高度目的性服务，现在已经成为各大商业体的吸引消费人群的主要业态。但完全的美食主题类的商业体事实上已经背离了商业体的目的：强化商业体这一销售渠道的独特性，从而提高整体销售额。因为餐饮类商户较零售店铺，日接待量少，消费单价低，整体坪效有限。更重要的是，消费者在商业体内有目的性地

搜寻特定的餐饮店时已经淡化了商业载体的价值，就如多个卫视台播放同一部电视剧一样，观众记住的只可能是电视剧的内容，而不会记得是在哪个电视台观看的。

5. 自然和历史类：历史、海洋、游乐和音乐等主题的商业体，目前在中国各地也并不鲜见。这类主题的商业体多依赖于本地的历史自然条件，但在实践中希望将这些元素有机地融入商业体内时，需要对本地特色进行大量抽象而精准的提炼。保守而肤浅的概括难以让人留下深刻印象，无法与

一般商业体区分开来，容易让人生厌；过分夸张大胆的设计又会架空时空，甚至背离本地特征，显得不伦不类。这种构建于本地特色的商业体反而给建筑、空间和装饰布局等内容留下了广阔的设计空间，但成功殊为不易。

主题的表达

这些年商业体的主题实践似乎都掉入了一个误区。很多打特定"主题"的商业体，都以业态为先，认为引进主题类的业态就足够了。对主题化和概念化的重视已经大幅超越了商业体底层的功能性。

河北秦皇岛黄金海岸盛泰建国饭店

这使得后期的主题细则实施、相关的活动的开展效果都大打折扣。当商业体的功能无法支撑后期商业运营的适应性和持续性时，商业体甚至不得不面临更换、调整"主题"的境况。因此，有时候（甚至大多数时候）主题商业体的不成功不单是"主题"定位的问题，对商业体功能性的忽视也是主要原因。在构建成熟的功能之后，很多商业体的"主题"设计都存在广泛的空间。尤以上述自然和历史类为例。在确定主题之后，其建筑设计、外在表现和活动运作上都可以此主题为概念而塑造，使这些相关的配合元素都能在此主题的中心思想下统一规划，最终融合成商业体的"主题"精神。

建筑设计

建筑设计是商业体最具标示性特征，也是消费者最能直接感受的特色。因此建筑主体、室内装饰和景观等需要统一布局，尽可能多地挖掘主题背

后的文化资源，打造文化体验。常州环球恐龙城二期的迪诺水镇，就从恐龙生活的时代和环境里面汲取设计元素，利用地质地貌、气候变化、海洋生物、恐龙表皮、骨架等创作出一组组风格迥异的主题建筑，极具视觉冲击。

建筑的外立面设计和构筑物确定了项目主题的基调。五合国际设计的西安大唐西市项目，商业步行街被设计成一条融合斗兽场、比萨斜塔、凯旋门等欧洲经典建筑风情街，将游客置身于欧洲文化之中。

外在表现

除外在的建筑和景观外，还可以通过环境、氛围、配套设施、神话故事和商业推广等全面表现主题元素。五合国际设计的常州东方盐湖城项目中，就将项目八大核心设施融入道文化的五行八卦之

中,使游客在游乐的同时领悟道法自然的文化内涵。

活动运作

建筑设计及外在表现是商业体项目的硬件,商业体内的活动运作则是其软件。根据主题,不时举办各种活动,如以电影作为主题,其所有的企划活动都应以电影为核心,进行道具展示、电影附属商品销售等。以家庭活动为主题时,可以选择与卡通主题人物互动、逗趣的马戏表演和儿童涂鸦等寓教于乐的活动,增添家庭活动的温馨与轻松氛围。

社会的繁荣发展可以满足原先利基人群的不同偏好。商业体的主题活动已从原来的年轻人的刺激型转向家庭参与的寓教于乐型。体验型商业中的娱乐部分不再是单一游乐设施的简单架设,电影院、KTV等业态的零散分布,更趋向于统一的、

赋予独特文化主题的一系列产品。体验型商业中的聚客留客方式也势必将从"特色点连线"全面升级为"主题面"的涵盖与渗透,体验型商业将成为城市旅游中最独特的一个。

旅游地产从"商品化" 走向"资产化"

文：杨文斌 \ 世联地产华东顾问事业部总经理

20 年来，中国旅游地产开发伴随着城市化高速发展，但由于受到资金、土地、融资渠道等方面的制约，旅游地产的短周期"商品化"开发长期成为主流，"物业销售"成为这一过程的集中体现。然而，配套、管理等原因导致了"低效使用"和"低流动性"，物业资产价值和交易无法再次实现。在新的市场形势下，旅游地产开发模式转变势不可挡，未来"资产化"开发趋势将成为必然。

"魔咒"之下的"理性"选择

中国旅游地产开发受到诸多限制，金融环境简直可以说是挥之不去的"魔咒"，这一定程度上逼迫旅游地产开发"理性"地走向商品化道路。

资金成本高。国内实际市场融资成本超过 8%（民间融资、基金信托等更是在 12% 以上），而近年来美欧等主要金融市场的质押贷款利率持续走低，利息水平约为 3.2 ~ 3.6%，甚至出现过 1.75% 的低水平。高资金成本决定了企业为了减轻财务成本压力，必然进行短周期操作，快速回笼资金，平抑风险。

投、融资渠道缺失。投、融资渠道缺失导致家庭资产配置结构中房产、存款占比近 90%（无其他合理的投资渠道）。美国直接融资规模是间接融资的近 4.5 倍（2011 年数据，同期中国约为 1.4 倍），直接融资渠道和间接融资获取资金的比例为 75%：25%（2009 年末数据，同期欧洲主要国家为 60%：40%，中国为 22%：78%）。中国企业融资只能依赖银行，而银行融资常受到各种政策的限制。

土地获取不可控。政府作为土地的所有者，是中国土地出让的权利主体，也是企业能否拿到土地的核心影响因素。土地出让方式、政策调控、政府换届等不可控因素，使得企业在大规模的旅游

地产开发中无法确保持续获取土地，只能转向短期开发来实现利益。

资源、服务提供商缺失。开发企业几乎自行购置所有设备，自己经营管理，很难通过资源整合节约投资，导致企业的资金、运营管理压力沉重。比如华侨城，为配合"华侨城项目"开发先后建立了文化公司、演艺公司等30多个旅游服务团体，而其他条件不足的开发企业往往只能通过"概念"、"营销"来实现开发目标。

"商品化"开发产生诸多问题

前期开发的旅游地产由于配套要求、使用目的、使用频率都与城市型居住产品有着本质的差别，套用城市型的"商品化"开发模式，在取得短期利益的同时也会产生诸多问题。

由于资金压力沉重，企业尽量开发畅销的旅游地产产品（如别墅、类别墅等），并通过营销提高去化速度和价格，而很少考虑产品的实际使用和管理。嘉兴平湖的九龙山庄定位为国际一流的居住、度假型综合社区，包含高尔夫、威斯汀酒店、游艇、马球、商业、住宅等，并融佛教文化与主题公园为一体，立志打造成世界顶尖的旅游度假娱乐城。"旅游＋地产"的开发模式让开发企业前期快速回笼资金，带来良好的经济收益，但在后期经营过程中，马术、游艇等项目由于缺乏相应的经验，不仅没有与住宅形成良好互动，也与住宅一样没有得到有效管理与使用。

在这种模式下，开发企业的目标就是短期收益最大化，通过强化展示等各类营销手段实现资源捆绑与嫁接，不会考虑项目的长期经营、管理。与其他商品交易一样，旅游地产产品（公寓、高层住宅、别墅等）在销售之后，其权益（所有权、

经营权、管理权、收益权）都一次性转移给消费者，开发企业退出的同时也将风险一并转移给了购房者。

很多项目过于强调对资源的占有和依赖，而弱化内容、产业、服务、运营对项目的支持。由于缺乏产业内容，依靠"资源＋地产"的同质化开发方式实现区域价值提升，物业销售的同时带来是大量空置和低使用率。近年来，山东在烟台龙口及海阳、威海乳山及文登等地大规模开发"滨海旅游地产"，主要针对东北、华北、西北等养老客

户进行销售。迫于资金回款压力，许多物业在完全不具备使用条件时就进行销售（比如没有安装煤气管道、5公里范围内没有任何商业配套等），导致物业大量空置。再比如，2007年以前大量高尔夫物业在市场上销售，曾经吸引一批批高尔夫及高尔夫物业爱好者。但是抽样统计显示，有超过50%以上的高尔夫物业甚至从来没有真正使用过，包括著名的春城高尔夫等项目。项目的大量空置无法体现产品的实际使用价值，也无相关的租金发生，导致后期再次销售时根本没有租金参考，后期交易无法实现。

"资产化"突围的两个前提

近两年来，以"旅游"名义开发"地产"的模式越来越难以实现。随着房地产下半场的到来，"资产化"开发模式将成为必然选择。"资产化"开发要求旅游地产开发更加重视"资产"属性，注重经营管理和增值效应，让旅游地产产品在使用、经营中保值、增值，并能够交易和变现。

房地产市场具有典型的金融属性，旅游地产的"资产化"开发同样需要外部环境特别是金融环境的改善，以方便开发企业实现现金流平衡、资产增值保值目标。首先，需要通过金融体制改革特别是利率改革，有效降低开发企业的资金成本；适当放宽企业的融资渠道，降低融资难度，使企业能够有效平衡现金流，改善财务结构。其次，完善旅游服务体系特别是发展旅游服务提供商对于未来旅游地产发展与转型非常重要，让旅游地产开发企业能够通过资源嫁接，整合到所需要的专业旅游服务提供商，降低交易成本。

能否增值和再交易是评估标准

"资产化"开发与传统"商品化"开发的最大差别就是重视经营、运营，从而实现旅游地产作为资产的长期价值。企业要真正实现"资产化"开发，运作过程中要做到以下几点：

重视经营与管理。"资产化"开发是把旅游地产产品作为"资产"，必须重视其使用价值，而不是像商品那样销售完成就不管其使用与运营。通过导入经营与管理资源，实现资产的持续使用，并通过使用来衡量其在不断变化市场中的即时价值，从而使旅游地产的再次交易成为可能。同时，市场上也会出现专业型的运营与管理机构，对旅游地产资产进行管理及使用。

强调资产的使用价值。在"资产化"开发中，所有配套的核心目标都是方便旅游地产产品的使用，而不是仅仅提高短期的销售价格。通过运营、管理发挥资产的使用价值，业主也通过使用权的交换实现资产的有效利用。

能产生"增值效应"。资产的功能、价值通过其在运营中的使用效率来衡量，如果旅游地产品质高、配套得当、运营管理好，其租金水平、客户满意度必然高，再次交易的价值一定高。相反如果经营不佳，会带来资产价值的加倍贬损，甚至无法再次实现交易。

便于实现市场化交易。"资产化"开发模式要求，旅游地产能通过使用权交换、全程管理与运营、养老居住等多种方式方便产品的使用，特别是分时度假、使用权交换体系的构建能够大大提高旅游地产使用权交易与互换的便利性，使旅游地产产品时时都有交易价值的衡量标准，极大方便旅游地产的交易实现。

由"5+2"向"白＋黑"转变

未来的旅游地产开发将以"营造区别于城市生活

的旅游生活新方式"作为重要的出发点，传统的"5+2"旅游地产营销理念远远不能满足未来需求，"白＋黑"（白天、晚上都要有生活内容）将成为未来的主流。通过产业注入，实现人口长期居住，体现"白＋黑"生活方式，和单一的"5+2"形成差异化。未来的旅游地产不仅仅是旅游居所，更是生活空间。

未来的旅游地产开发，"内容"比"景观"更重要，通过注入与旅游地产相适应的产业，使旅游地产与产业能够有效结合，实现旅游地产的"产业化"。能够与旅游结合的产业类别很多，健康、商业、文化、农业等产业都会成为未来旅游地产重要的产业方向。

旅游地产不再单纯的作为商品来买卖，未来将更多的强调"使用权交换"，通过使用权的交换提高业主的使用频率，分时度假是为未来资产经营的重要方向。

"资产化"旅游地产开发有效促进"服务提供商"发展，旅游地产需嫁接可独立经营、专业运营的资源，高尔夫、酒店、会议中心、游乐、养老服务等服务提供商将成为旅游地产开发的重要力量。

房地产上半场的旅游地产开发中，"主题公园"模式的华侨城、"温泉"模式的港中旅、"高尔夫"模式的观澜湖等众多企业成为了行业的标杆。下半场有了新的游戏规则，旅游地产要不断探索新的模式，也必将出现一批新的旅游地产开发标杆，比如以文化为驱动的旅游地产领域的"华侨城"、以健康为驱动的旅游地产领域的"港中旅"、以农业为驱动的旅游地产领域的"观澜湖"。旅游地产正在步入"资产化"开发的新时代。

延伸阅读
旅游地产"资产化"开发新趋势

从万科、碧桂园、金融街等国内领先企业的旅游地产畅销产品可以看出，目前国内旅游地产产品开发越来越与其使用属性相结合，"资产化"开发要求的方式先后被使用，比如区别于城市属性的产品规划，有利于物业使用的配套等。有四个趋势值得关注：

趋势一，适合旅游地产使用、管理的50~80平方米的公寓和80~100平方米高层产品是畅销作品，而别墅去化速度较慢。

趋势二，精装修标准为1500~2600元/平方米，拎包入住的概念被度假客户所推崇。

趋势三，项目启动需要有大型配套设施，如酒店、商业街、会所、高尔夫等，并有良好的管理，确保使用。

趋势四，权益与度假产品结合，产权使用权分离，结合使用权交换、分时度假理念。

让高端旅游走出象牙塔

文：陈迎 \ 华高莱斯高级项目经理

2013 年的各种旅游论坛上，"高端旅游"成为十分热门的话题。很多专家都认为，在未来的旅游市场将出现三分天下的局面：一部分是以中老年为主力的传统大众旅游市场，另一部分则是由年轻背包客组成的低价旅游市场，而最受关注的莫过于针对高端消费人群的"高端旅游"市场。而2012 年 5 月，携程旅行网入股高端旅游品牌太美旅行，并成为第一大股东，则成为高端旅游日趋热门的有力佐证。

业内普遍认为，高端旅游虽然要付出较高的研发成本，但利润率要比普通度假旅游高起码 10%，且高端客户不仅是客源，甚至还能为旅游服务商带来其他资源。对于区域发展而言，高端旅游无疑对提升区域价值，撬动区域高端开发作用巨大。由此看来，似乎一片新的旅游发展蓝海正呈现在我们面前。

真的是这样吗？如果仔细分析，就会发现要前往高端旅游的蓝海，还有不短的距离要走。

首先，高端旅游呈现出一幅"国内开花国外香"的局面。目前，各种旅游研究报告中支撑高端旅游势头良好的主要有两个数据：2011 年中国出境旅游人数为 7025 万人次，同比增长 22%；2012 年全球出境人数突破 10 亿，中国出境游占全世界旅游服务业的 30%。从这组数据不难看出，中国的高端旅游主要就是指国外旅游。而目前各种服务高端人群的旅游产品也印证了这一点——其高端旅游的核心主打产品基本以国外定制化旅游产品为主。

这种情况暴露出目前中国高端旅游的问题：高端旅游消费人群流失，国内高端旅游相对欠缺。对于国内很多具有顶级旅游资源的地区而言，高端旅游消费者外流无疑是区域发展的巨大损失。

中国法学（北海）国际交流中心

其次，高端旅游面临"小而美"的困境。很多人认为高端旅游必然是服务极少数人的顶级奢华产品。服务人群极度小众、服务产品高度定制化，必然会导致高端旅游单价虽高，却无法规模化发展。而对国内的高端旅游发展而言，即使高端旅游人群回流至国内，这种"小而美"的旅游发展模式也无法对区域的经济发展产生足够的推动力。最终，高端旅游面临与社会发展脱节的危险。2013 年 5 月在三亚举行的"海天盛筵"，本质上是高端旅游度假生活的推介公关活动。但是，公众对活动的理解却最终被引向了"富人的骄奢淫逸"。而同年 6 月河北省滦县宣布耗资 33 亿打造 GOLF 球场、马术场以及中国北方唯一一座天体浴场，更是引起公众一片哗然。

实际上，高端旅游不应该是为极少数人提供的小圈子旅游服务，其必然会以各种方式出现在公众的视线中。如果高端旅游与社会发展脱节，或者不能与公众互动，很容易就会成为"负面焦点"。

面对这些问题，对于国内高端旅游的区域开发者而言，到底需要什么样的高端旅游？

实际上，在这个物质极大丰富的时代，只要高端旅游消费者有需求，就可能有各种各样的高端旅游产品设计满足他们。但是对于区域开发者而言，无论高端旅游服务如何千变万化，区域高端旅游的发展必须满足四个原则：

原则1：高端但不小众
高端意味着品质的保证，因此高端旅游与大众旅游相比，在消费群体数量上肯定是较少的，但是单体的小规模并不等于整体化的小规模。

例如，在那些生态敏感，生态承载力低的地区，高品质、低频次的高端旅游无疑是恰当的。但这不等于这些地方应该被圈建起来，成为只对极少数人服务的会所、园囿。在很多区域旅游开发的研讨会上，专家们最普遍的论调是"无为而治"，即越是生态良好的地方越不应该开发旅游，但这与区域发展的目标是背道而驰的。我们认为，科学合理地对生态环境进行人为干预，不仅有利于区域发展，而且也有利于生态环境自身的演进，这一理念在国际上是有成熟模式可循的。例如，国际上有一种较普遍的开发模式——"野奢"酒店的模式——以自然为主题背景的小型奢侈型酒店（Small Luxury Hotel）。这种野奢主题酒店，

虽然规模不大，但却是对所有人开放的。只要可以支付足够的费用，就可以买断一段时间的风景住宿享受。这样合理安排接纳众多来访者，会使更多的人知道这里。由此，不但保护了当地的生态，也能为未来周边地区的开发起到预热的作用。

而对于那些有着更加广袤开发面积的区域而言，高端酒店集群的形式，则可以对整个大区域起到高端发展带动作用。在很多知名的高端旅游度假地，大都采取这种酒店集群的模式。这种模式通常采取多个酒店单体的群落化布局。这些酒店可以由一家酒店管理集团经营，也可以是多家酒店公司。酒店聚集可以带来两大好处。对酒店群而言，多个酒店的聚集，降低了酒店运营的成本，无论是人工成本，还是服务成本，都可以在各个酒店之间进行协调。而更为重要的是，多个高端酒店的聚集本身就是一个旅游吸引磁极。旅游者会因为体验不同的酒店而延长在区域的停留时间，或者多次前来区域旅游。这无疑大大加深了区域的旅游消费深度，提升了区域旅游经济。

我们最为熟悉的迪拜滨海区就是典型的酒店群开发模式。在滨海区不仅有知名的帆船酒店（Burj AlArab），而且还密布着其他几个高端主题酒店：海滩主题度假酒店 Jumeirah Beach Hotel、别墅酒店 Wild Wadi Waterpark、古城堡主题酒店 Madinat Jumeirah、运河主题村落式酒店 Mina A' Salam。这些都是由专门经营高端酒店的卓美亚（Jumeirah）酒店集团统一经营。这些风格迥异的酒店形成的群落，已经成为迪拜的旅游吸引物。目前，"迪拜高端酒店之旅"已经成为各大旅行社的一条经典的旅游线路。大批慕酒店之名而来的旅游者，为这个并无特殊旅游资源的城市带来大量的旅游收入。

总之，在区域开发中高端旅游不一定就是小众化。合理的发展模式会使高端旅游对区域发展带来更大的作用。而从迪拜的案例中可以看出，要想带动区域的发展，高端旅游的受众应该更加广泛。而这也正是我们在原则 2 中所要阐述的问题。

原则 2：前沿但不前卫

如果要带动区域发展，就必须有足够的消费群体。因此，区域所需要的高端旅游不应该是极少数人的小圈子。少数贵族固然可以成为区域高端化的标签，但是却无法为区域带来足够的人气和经济收益。而那些另类的高端旅游项目，例如前文中所提到的"天体浴场"，由于不能被社会主流人群所接受，同样也无法为区域带来真正的消费群体。能带动区域发展的高端旅游，其消费者应该是具有广泛社会带动力的社会中坚——中产阶层精英。这个消费群体具有较强的消费实力，愿意尝试各种高端的消费模式（特别是那些昔日属于贵族旅游，而现在已经逐步普及的高端旅游种类），同时他们对周边的人群具有强大的示范和带动作用。因此，抓住这些人的旅游需求，实际上就抓住了高端旅游发展的主流趋势。针对这种主流的高端旅游打造区域的各种服务配套，将会使区域更好地吸引有效消费群体，由此达到发展区域旅游经济的作用。

从目前发展趋势看，国内针对这些中产阶层精英的高端旅游项目中，以游艇和滑雪最为典型。

游艇旅游作为皇室贵族的独享，已经是二百多年前的事情了，而仅仅作为极少数富豪的专属，也已经成为往事。目前国内游艇消费的类型正在泛化。很多入门门槛较低的游艇类型，例如帆船、钓鱼艇，正在成为中产精英们游艇度假的首选。而且越来越多的中产阶层的专业"玩"艇者，也

进一步推动了游艇旅游的主流化发展。

从政府层面，国家出于海洋战略发展的考虑，对游艇发展的支持态度也已十分明朗。在官方发布的《2012—2013中国游艇产业报告》中明确指出，钓鱼艇、帆船可以成为中国游艇产业起步阶段消费的首选和切入点。大力发展钓鱼艇、帆船业务，对培育游艇消费市场、推动广大城市白领体验水上休闲生活将起到不可估量的基础作用。未来5年，将是中国游艇主流化大发展的5年。

更为重要的是，游艇度假作为一种国际主流的高端度假方式，对滨水区域的高端度假地产开发，以及整个城市的发展都有重要的影响力。深入了解游艇旅游自身的要求，并在区域旅游开发和城市打造中加以充分满足，必然能打造出极受欢迎的度假产品并带动区域的特色化旅游发展。
同样，昔日作为贵族度假方式之一的滑雪，也已经受到国内中产精英们的推崇。然而，要想使滑雪真正带动区域高端旅游的发展，并不仅仅是修建滑雪场等滑雪设施。区域的开发者需要通过滑雪小镇的打造，为滑雪度假者呈现出特色寒地美食、特色雪地住宿、特色冰雪活动等丰富多彩的滑雪生活。由此，将度假者尽量长时间地留在滑雪度假地。可以说，区域旅游开发者，不仅要关注滑雪"场"的打造，更要全力进行滑雪小"镇"的打造。

总之，对于区域高端旅游开发而言，我们所要选择的应该是那些以中产精英们为主要消费群体的旅游度假类型，他们是具有更广泛消费基数的大众旅游的潮流引领者。而对高端旅游区域的开发者而言，所需要关注的：一方面是旅游设施本身——只有打造出真正符合高端旅游自身需求的专业场所，才能真正吸引高端旅游者前往；另一方面是与高端旅游相匹配的高端度假生活方式的营造——只有营造出与高端旅游相辅相成的魅力化度假生活，才能把高端旅游者留住，并在区域深度消费，由此带动区域旅游经济发展。

原则3：高尚而且务实

目前的中国社会处在一个波动期：一方面人们的生活质量在不断提升，而另一方面社会公众对各阶层的格局越来越敏感。任何一种高端发展举措，都可能成为公众的舆论焦点，毁誉参半。因此，发展高端旅游，必须保证"政治正确"。换言之，高端旅游开发应该是高尚的——并非不食人间烟火的务虚，而是符合普世价值、与社会保持友好界面、接地气的。这种高端而务实的旅游应该做到：

社会化

所谓社会化，是指高端旅游必须符合社会的主流价值观，不能与社会脱节。最典型的就是高端人群的心灵休憩地的旅游开发。这种主打心理养生的高端度假旅游必须是世俗化、去宗教化的。否则，就会出现当年"李一大师"养生班的种种弊端。从这种意义上说，"禅修"就是一种十分恰当的高端养心度假模式。因为，"禅"已经从佛教的思想流派演化成为一种生活哲学，一种被世界广泛认同的国际化养生哲学，是符合社会主流价值观的。目前，发展"禅修"旅游，已经成为国际上心灵养生度假的重要模式。

生态化

高端旅游不仅需要得到社会的认同，还必须是对环境友好的。高端旅游的开发不仅不能成为环境的破坏者，甚至不能是原有环境的闯入者。换言之，高端旅游的各种设施应该是完全融入原有环境中的。

实际上，生态化也一直是很多高端旅游度假开发者和经营者的理念。例如，著名高端度假品牌悦榕庄 (Banyan Tree)，其度假村的打造理念就是"与环境融为一体"。在大香格里拉地区仁安悦榕庄度假村的开发中，为了使酒店建筑不破坏当地的风貌，开发者在附近挑选购买了很多 100 多年之久的藏式农舍，并且"移筑"到了仁安河谷新址。远远看去，酒店丝毫没有咄咄逼人的派头，而是不露痕迹地融入当地环境，就像是前面村庄延伸出来的一部分。

在前文提到的"野奢酒店"就是这样的高端旅游酒店，对于那些生态敏感地区而言，充分打造生态化，以自然景观为资源的"野奢酒店"，就是一种合理的高端旅游开发模式。

本土化

在区域高端旅游的开发中，对环境的友好不仅表现在对自然环境的融入，还表现在对本土文化的充分利用和挖掘。本土文化应用，是增加区域高端旅游魅力的重要手段。

例如，著名高端度假品牌安缦（Aman）的经营理念就是"追求与自然文化遗产的和谐相处"。其在杭州安缦法云酒店的打造中，就充分将当地文化融入酒店特色之中，成为酒店特有的魅力点。法云古村原是明清遗留的古村落。早在明朝就是隐士文人如张岱的隐居之地。同时，毗邻两大寺庙（灵隐寺和永福寺），地缘文化突出。在设计时，酒店以明清文人隐士文化作为主导的设计概念。酒店内每间客房的艺术品都采用不同书法家的书法作品。匾体的木料都选用银杏木，对联则用对开的大竹杆进行篆刻，刻好的书法用黑色上彩。古建的外观和朴素艺术品互相衬托，形成典雅不俗的隐士文化气氛。安缦法云酒店还设有图书馆兼住客俱乐部——法云舍，里面拥有大量书籍和文献纪录片，酒店会不定期为住客组织研讨会和讲座，内容涵盖佛教文化、中国艺术、茶艺、传统中草药等主题。

因此，在高端旅游打造的过程中，挖掘自身的本土文化是强化自身魅力的重要途径。同时，对于本土文化的尊重与挖掘，也必然会得到公众的广泛认同，从而减少高端旅游开发的负面影响。

原则 4：创新而且盈利

高端旅游作为一种新兴事物，具有很强的创新性。但是，高端旅游业必须具有可盈利性，否则，就不能真正带动区域的经济发展。因此，作为区域的开发者，在高端旅游类型的选择上，不仅要看自身的自然条件，高端旅游市场自身的规模，更要明白高端旅游对区域的带动发展模式。

其中最为典型的当属游艇度假区的发展和温泉度假区的发展。很多旅游度假区都热衷于这两种高端旅游度假产品的开发，认为它们能够直接带动周边房地产的销售。但是如果开发者不能深入了解这两种旅游度假模式与区域发展带动方式和适用条件，就很难真正保证区域开发的盈利性。

总之，在休闲经济已经深度发展的今天，高端旅游在中国无疑将占据越来越多的份额。而对于区域开发者而言，我们必须充分考虑到上述四个原则，才能真正找到适合区域开发的高端。

规划设计篇

旅游地产开发中的 D+D 设计模式

文：罗丹珩 \ 洲联集团

随着中国新型城镇化的推进和市场开发程度的进一步深入，以及国家对房地产市场的长期调控，旅游地产项目在实际操盘中也会相应放慢推进的脚步，更加注重项目文化主题的细节塑造，增强项目的竞争力。在这个过程中，D+D 模式将愈发突显出优势。

D+D（Developer+Designer），是指在项目开发过程中开发企业和综合性设计企业的无缝衔接，也同时代表着涉及项目开发各设计专业的无缝衔接。它在旅游地产项目中的应用基本包括了以下几个层面：

1) 文化主题的选择——开发企业 + 设计企业（策划、规划）

2) 产品类型的确定——开发企业 + 设计企业（策划）

3) 支撑体系的建立——开发企业 + 设计企业（规划 + 建筑 + 景观）

4) 空间细节的刻画——开发企业 + 设计企业（建筑 + 景观）

5) 项目成果的完善——开发企业 + 设计企业（策划 + 规划）

在中国现有的市场环境和旅游地产项目操作流程中，D+D 模式的有效应用，能最大程度地实现土地价值的最大化，保证项目文化主题的可落地实施，同时有效地保障了项目后期的可运作。

1. 实现土地价值的最大化

旅游地产的项目多涉及多种度假产品类型的组合，不同产品的专业设计公司都希望能使用具有最优资源的土地，这就会出现用地资源的内部争夺，山地类型的旅游地产项目尤为如此。D+D 采用的不同专业同周期设计模式，在满足开发企业盈利点的前提下，实现土地资源的最优使用搭配。

长春莲花山国际中央休闲区，位于长春市莲花山石头口门水库西侧，以国际高尔夫培训学校和现

難得浮生半日閑，道遙怡情在蓮山。異域風景堪人賞，萬林盡染引客攀。

庚寅年 梁月

① 蓮花寺
② 国际会议中心
③ —
④ 公共马场
⑤ 国际双语学校
⑥ 圣安德鲁斯小镇中心
⑦ 国际谷议中心
⑧ 国际高尔夫中心
⑨ 生态住宅
⑩ 商业街务创所
⑪ 综合体育中心
⑫ 五星级酒店
⑬ 会所
⑭ 休闲运动国家级培训基地
⑮ 专家独立住宅
⑯ 六星级日式温泉度假
⑰ 和园小镇中心
⑱ 国际休闲体育运动中心
⑲ 服务中心
⑳ 莲花山滑雪场
㉑ 采尔玛特小镇中心
㉒ 户外活动基地
㉓ 房车基地
㉔ 景区主入口
㉕ 九朵莲花湿地公园

— 规划范围
— 莲花山滑雪场范围

0   200   400   800M

长春莲花山国际中央休闲区

有的莲花山滑雪场作为项目的核心文化主题。项目基地的山地和林地资源相当丰富，有接近40%的用地不宜建设。在项目规划开始之前，高尔夫设计公司的方案将最好的建设用地用作了高尔夫球场的建设，剩余用地布置开发建设项目。规划公司介入以后，根据地方开发公司的要求做出了一个几乎是完全相反的项目用地选择。面对这两个

方案，开发企业集团总部提出设计方案既要保证销售类产品的回款，又要保证项目建成后高尔夫运营的经营性收入。在这个要求下，高尔夫设计公司和规划设计公司坐下来进行同周期设计，最终达成了一致，实现了项目"一院三镇"的最佳布局。

长春莲花山国际中央休闲区

2. 保证文化主题的可落地

就目前中国的国情而言，一个旅游地产项目从想法到实施的一般路径是先由策划公司对项目的定位、产品的选择、投资与运营提出一个想法，再由规划类公司翻为概念性详细规划，通过政府立项后，转为拿地的控制性详细规划指标；然后在拿到土地后再进行修建性详细规划、建筑方案、景观方案的设计，报批政府相关部门，指导项目的实施建设。在这个设计过程中，开发企业将与不同的设计机构沟通，一遍又一遍地贯彻自己想达到的最终目标。但由于不同的设计机构对同一种文化的表现具有不同的理解，因此，这种文化主题的体现及开发企业的需求有可能在这个过程中日臻完善，但需付出更多的时间并经历周期性

的反复；更多的可能是文化主题在一遍又一遍的传递中消减或者产生不一致。D+D 模式所采用的全专业共同设计模式，使开发企业只需要面对一个设计企业，有效地减少了开发企业和不同设计师之间的沟通障碍和重复。同时双方在深度了解的基础上，能使项目的设计方案更加满足项目运营的实际需求。

世界钓鱼大会项目位于南宁那马镇，开发企业在项目下达给设计公司的时候只有一个模糊的世界钓鱼大会的概念以及开发 1500 亩建设世界钓鱼中心、2000 亩建设休闲度假区的大致要求。由于要求的设计周期比较短，在 D+D 的设计模式下，设计企业首先由策划师和规划师同时"对症下药"，策划师从市场出发，对整个项目的可行性进行研究和判断，并在确定可行性后对具体产品类型和

配比提出建议，而规划师则从场地研究和案例分析出发，确定可建设用地的位置与面积，以及世界钓鱼大会比赛场地、服务设施的建设要求。在这两个专业成果的指引下，规划师对项目的功能布局、道路交通、绿地系统等支撑体系作出了基本的判断，并在建筑师的配合下对各功能用地的面积及形态、对内对外交通组织进行复核，同时由景观师对保留的山体、滨水景观、赛区景观进行更进一步的设想，并在大的绿地景观系统构架下进行调整与完善，最终形成了提交政府立项的项目建设方案。在这个项目的设计中，D+D 设计模式还有一个突出的贡献，那就是充分考虑到赛事类旅游地产项目赛事前后场地的利用，与专业 GOLF 设计团队密切合作，保证了在钓鱼大会比赛场地在 3 年的赛事结束以后，能顺利地转为标准杆的高尔夫运动场地。

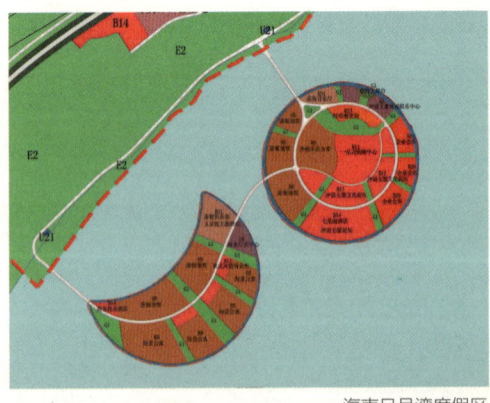

海南日月湾度假区

3. 保障项目后期的可运作

旅游地产的分期开发建设是关系到项目资金运作是否顺畅的重要条件之一，但专业的规划设计师及建筑设计师普遍对于市场缺乏敏锐的洞察力。D+D设计中策划师的全程参与就正好弥补了这样的空缺，使项目在功能组团的布局、空间形态的组织上能满足项目实际的分期建设及运营方式的要求。

海南日月湾度假区位于海南东线的旅游度假带上，依托万宁现有的国际冲浪水上运动中心，打造复合引擎驱动的国际化旅游度假产品。在设计开始之初，策划师就根据甲方的具体操作要求，提出了方案设计最终要满足可分割打包出让。因此规划设计师在进行各大支撑体系布局的时候，就此点给予了充分的考量，最终通过道路、景观有效地把项目分隔为19块100亩左右的功能组团，保证了最终项目的可操作性。另外，策划师对最终的设计方案进行了总体和分期的投资估算和财务评估，以保证项目良好的财务状况和经济收益。

海南日月湾度假区

海南日月湾度假区

新型城镇化视野下的人文景区规划初探
——以湖北省黄梅县禅宗文化园规划设计为例

文：刘海强 吴茂辉 \ 洲联集团

黄梅禅宗文化园位于湖北省黄冈市黄梅县北部。黄梅县地处湖北省的最东端，是湖北、安徽、江西三省交界处，自古称"鄂东门户"。其与九江市区一桥相连、隔长江相望。

按照《湖北省"十一五"旅游业发展规划纲要》，黄梅县位于武汉大旅游圈内，圈内旅游资源丰富，环境容量较大，对外交通便捷，具有十分广阔的

旅游发展空间。 黄梅不仅是中国禅宗文化旅游线上的重要节点，其所处位置也正位于中国东部地区东西向旅游线上。南北线与东西线交织于黄梅，使其成为一个枢纽点。

1. 项目概况

1.1 禅宗文化园及黄梅县现状概况
现状旅游景点以禅宗旅游及人文旅游景点为主。

以黄梅为起点，向四方延伸，构成以下 4 条旅游线路，形成以黄梅为中心的"十字"旅游线路结构（图 1）。

禅宗寻根问祖线：禅宗是中国汉传佛教主导宗派，始于菩提达摩，盛于六祖惠能。由北向南，从达摩祖师到六祖惠能，共六位大师，黄梅县就囊括了四祖和五祖两位大师。该游线从河南嵩山少林寺（达摩）南下，经安徽岳西县（二祖）、安徽潜山县（三

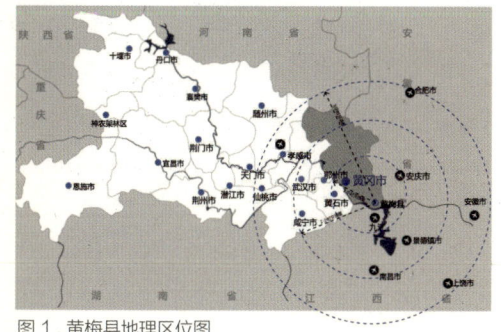

图 1. 黄梅县地理区位图

図 2. 黄梅县禅宗文化园规划设计效果图

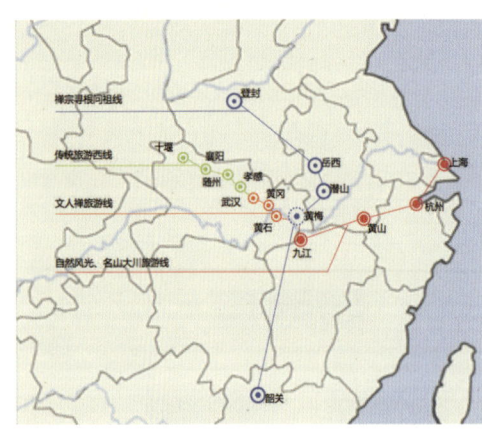

图 3. "十字"旅游线路结构图

祖）、湖北黄梅县（四祖、五祖）直至广东韶关（六祖）。

名山大川旅游线：以黄梅为起点，向东至上海的路线上有庐山、黄山、杭州等以自然风光为主的旅游目的地，这条线路上集中了我国江南地区最负盛名的名山大川。

文人禅旅游线：在湖北境内，由黄梅向西至武汉可形成文人禅文化为主题的旅游线路，该线路的节点还包括黄石及黄州。

湖北传统旅游西线：湖北省传统知名旅游地有武汉、孝感、随州、襄阳及十堰，黄梅的位置位于这条线的最东端，成为湖北省境内传统旅游线路的终点。

1.2 禅宗文化园区与周边村庄现状主要矛盾

1) 村民耕种的土地因配合旅游开发全部流转，景区提供的就业岗位较少，许多村民长期处于待业状态，居民的损失没得到相应的补偿。

2) 景区管理者与居民在利用景区资源方面存在不公平的竞争关系，因此经常出现与此相关的社会问题。管理者控制游客游览线路，吃、住、游、购等消费活动在景区开发商指定地点进行，村内的商业、餐饮业、农家乐得不到充分利用。

3) 在景区开发建设、经营过程中，居民缺少话语权，因此在景区建设过程中，存在许多矛盾和冲突。

2. 村庄整合策略

2.1 整合原则

本次规划通过对各个自然村庄在保护区的位置、上位规划定位、人口规模、经济状况、地形地貌、交通状况、基础设施、历史文化等方面的统计，且通过综合分析对各个自然村庄进行打分评价，得出：

(1) 60 分以上的村庄适合聚集发展。

(2) 50~60 分村庄，用地发展受限。

(3) 50 分以下村庄，用地规模小，不适合发展。

2.2 整合思路及策略

规划区内主要包括三个镇，分别是五祖镇镇区、苦竹乡中心区及大河镇镇区。五祖镇镇区及苦竹乡中心区与特区是交叉的关系，即部分在特区内，部分在特区外；大河镇区则完全不在特区范围内。另外，大河镇区及苦竹中心区与其相对的四祖和老祖聚落在地理概念上是相互脱离的，而五祖镇区则与五祖聚落相互交叉。内部现状居民点布局零散，交通不便，基础设施严重不足，当地居民下山欲望强烈，亟需整改。针对这一历史过程，规划提出四大策略。

策略一：土地策略

打破现状土地零碎布局的限制，通过拆迁部分居民点还耕还林、整合部分居民点就近并并，通过对村庄建设用地的精简，在土地增减挂钩的前提下，对空闲的用地指标加以合理利用，实现合理的建设用地布局，为包括村民的多方创造更多利益，同时给城镇建设带来活力，有步骤地走新型城镇化道路（图 4）。

策略二：建筑面积策略

在保障当地居民居住面积不减少的同时，将生产

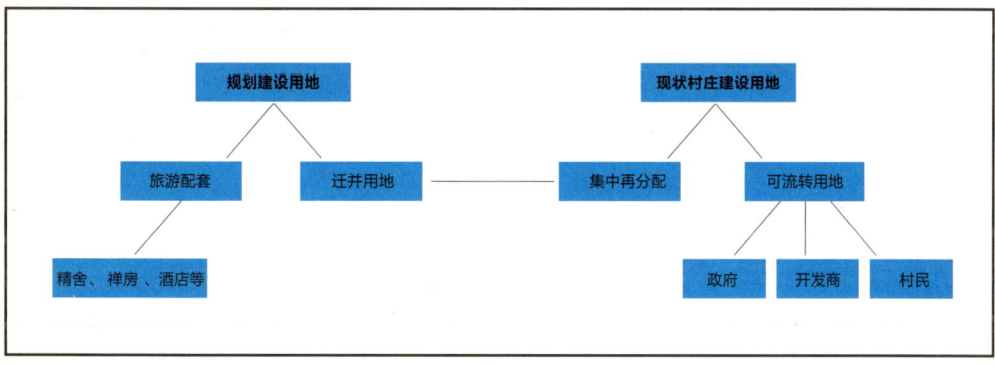

图 4. 农村居民点整合策略一：土地策略

性的物业放入迁并建筑中，由迁并的居民所有并经营，保障迁并后其生活水平稳步提升。同时在迁并区域建设配套设施，吸引外地村民来此安居乐业。规划确定迁并建筑还建比为 1:1.2，即迁并后人均建筑面积约为 55 平方米。（图 5）

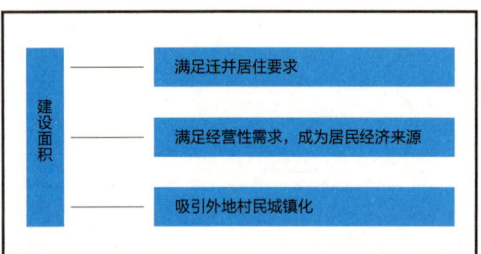

图 5.农村居民点整合策略二：建筑面积策略

策略三：产业策略
引导搬迁人口就业，实现农民到工人的角色转变，引导部分迁并人口参与到旅游服务产业中，引导有从事农业生产意愿的人口参与到景区内农场、福田的农业生产中。

策略四：布局策略
延续镇 - 村 - 居民点的组织结构，优先使居民点就近迁并，同时居民点迁并后仍在其原所属乡镇范围内。

2.3 实施措施
规划在现状基础上改造设立 3 大场镇、25 个居民

点，最终形成 37 个迁并居民点，共 151.54 公顷迁并用地。其中，大河镇设置 8 个迁并点，迁并人口 7940 人，规划迁并用地 44.29 公顷；苦竹乡设置 18 个迁并点，迁并人口 12132 人，规划迁并用地 64.42 公顷；五祖镇设置 11 个迁并点，迁并人口 8660 人，规划迁并用地 42.83 公顷。迁并点的建设容积率视安置点的地形条件、生态敏感程度、所属区域等因素在 0.8 到 1.2 的范围内选定，最终确定规划区内总的规划迁并建筑量约为 158.02 万平方米，迁并认可 28731 人（图 6）。

模式一：原址改造
对现状规模较大、建筑条件良好且交通条件优越

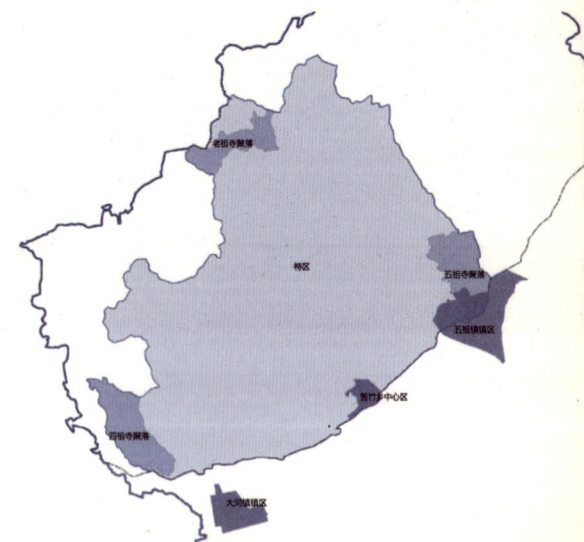

图 6. 场镇、聚落、规划区三者关系图

图 7. 拆并村镇小聚落效果图

的居民点实施原址改造。对现状较差及布局不合理的建筑进行拆除，充分利用有限用地，进行复建，原住居民仍居于原址；对建筑质量较好建筑进行改造和亮化，建筑改造应顺应规划区的建筑风貌，体现当地民居特色；同时完善居民点的基础设施，提高居民生活水平。

对有历史遗存和旅游资源突出的村落，应在保护的基础上加入旅游元素，加强居民与旅游产业、禅文化活动的互动，使其充分融入规划区的旅游体系中。

模式二：邻村迁并

一是以原址改造型居民点为基础，充分利用改造后空闲的建筑及用地，将其附近规模较小、居住条件一般的居民点迁并至其周边，形成较大规模的居民点，在使附近的居民点享受到较好的居住条件的同时，完善本居民点。二是选取建设条件较好的区域，将附近居民点迁并于此，集中建设。

模式三：镇区安置

对靠近镇区、居住条件一般的居民点进行迁并，结合乡镇建设安排迁并，在促进城镇化、加强集约土地利用的同时，完善基础设施配套，促进村民

迁并形式	迁并居民点数	迁并人口	占迁并人口比重
就地改造	25	10210	35.54%
异村迁并	133	8376	29.15%
镇区安置	279	10145	35.31%
合计	437	28731	100.00%

图 8. 三种整合策略居民点及人口统计表

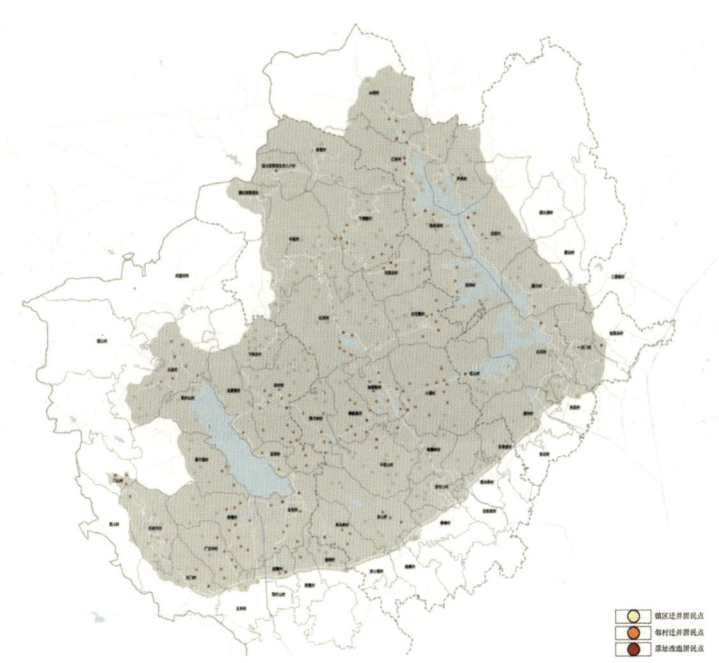

图 9. 居民点拆迁并模式示意图

图 10. 黄梅县禅宗文化园 菩提广场

就业，提升居民居住条件（图 8）。

2.4 实施保障措施
在重视风景区保护和建设的同时，必须关注区内村庄问题的解决，关切村民脱贫致富的前景。要达到规划的理想目标，必须全面推动风景区社会主义新农村建设，而行动的保障就是相关推动机制的建立和完善。

(1) 产业推动
新农村建设最有效的推动方式是产业化推动，其中特色餐饮、农家旅馆接待推动面最大、特色旅游产品放大效应最高。

吸引途径：通过规划和设计，使场镇发展为环境优美、宜居宜业的新型城镇；建造利用传统元素设计的现代建筑，使该处的建筑有自己的特色，做到融合山水、符合风水。通过重新合理设计的，形成有

品位的宗教社区。

生活禅——主要就业方向
规划设计具有体验等复合功能的客栈，客栈的功能可包括但不局限于提供民俗演绎、民间艺术展示、旅游产品展示及售卖，借以提高场镇的文化吸引力。

养生性养老地产——重要可售物业
未来城市化发展后，养老去处大部分在小城镇而不是在大城市。小城镇既有城市化的公共服务设施，又有宜人的居住环境，可以发展以养生为主的是养老产业，这类项目也是三大场镇的建设性项目。

宗法社会关系——延续到新型城镇
延续原有的宗法社区传统，引入周边亲戚、四里八乡的乡亲，使宗法社会向市民社会转变，形成有血缘亲属关系的新型城镇化。

图 11. 黄梅县禅宗文化园 上院

（2）集体参与

集体参与可以实现旅游对本地新农村建设的效用最大化。让旅游的利益最大程度地留在村内。建立产业链本土化机制，逐步实现游客"吃住行游购娱"产业环节的供给本地化。规划设计具有体验等复合功能的客栈，客栈的功能可包括但不局限于提供民俗演绎、民间艺术展示、旅游产品展示及售卖，借以提高地方的文化吸引力。

式实现。通过一些优势政策的指定，将有效吸引包括原有人口、项目范围内的村民、黄梅县城的人口、周边县城有一技之长的高素质人口，原有人口将进行就地升级，而迁入的人口将给地方带来很大的经济社会效益。

3. 结语

在类似景区内的新农村规划或者其他新农村建设规划中，一定要把握好"生产发展、生活宽裕、乡风文明、村容整洁、管理民主"这新农村建设的二十字方针政策。同时，深入现场调研，获取各个利益主体的设计构想，使规划能够协调好多方的利益，做到让政府、开发商、僧人、农民、游客的五方满足。同时，合理利用景区旅游资源，改善和优化景区产业结构，真正实现景区与村落的和谐共生。旅游区的发展只有紧密结合当地新农村的发展，深度理解新型城镇化精髓，形成区域联动，打造旅游新型业态，才可以达到让旅游者更满意的目的。

(3) 政府扶持

新农村建设政府在项目示范、基础设施、公共卫生与安全建设等方面的推动效率最高。政府扶持可通过加大资源保护资金的投入、提供公共服务项目、加强农村文化建设、旅游商品店建设等方

宗教文化旅游产品的体验性策划设计
——以茅山盐泉小镇为例

文：杨振宇 \ 洲联集团

引言

将宗教旅游作为一种对寺院、道观古建筑的"观光旅游"来发展，处于一种物质性的开发层次，同时表现出过多的商业化成分。而从体验经济的角度看，宗教旅游的体验性产品却很少被开发出来，其精神层次的经济价值没有得到完全的挖掘。本文通过对茅山盐泉小镇项目的研究探讨，探讨此类项目的策划设计方法的可能。

一、宗教旅游概述

1. 宗教旅游概念

宗教旅游主要包括两个方面的含义：一是指宗教信仰者基于宗教目的的旅游活动，包括朝觐、朝拜、云游、传法等，二是指围绕宗教旅游资源开展的各种旅游活动。宗教旅游含义广泛，可概括为：以宗教文化为核心依托，借助相关的自然和人文资源，以吸引宗教信仰者和一般旅游者进行的包括朝拜、研究、观光、文化等专门的旅游活动。

2. 宗教旅游产品概念

所谓宗教旅游产品，是指以宗教旅游资源为主要目的地，经营者向旅游消费者提供的各种旅游对象物及旅游服务的总称。宗教旅游产品谱系包括宗教教事旅游、宗教观光旅游、宗教文化旅游、宗教饮食旅游、宗教修学旅游、宗教休闲疗养旅游等。

二、宗教旅游体验类型

在体验经济时代，顾客每一次购买的产品或服务在本质上不再仅仅是实实在在的商品或服务，而是一种感觉，一种情绪上、体力上、智力上甚至精神上的体验。旅游是一种天然的体验经济，它作为人们求新、求异、求奇、求美、求知的一种重要途径，本身就是一种体验经济。其体验类型可以分为以下5类：

东方盐湖城

1. 审美体验

宗教作为人类最古老的文化构成因素，它与各民族的政治、经济、文学、艺术、风俗交织在一起，积淀出浓郁瑰丽的宗教文化，宗教建筑、雕塑、绘画、文学、音乐等灿烂文化都是旅游者获得审美体验的源泉。

2. 神圣体验

宗教缘起于对宇宙及人类自身的求索，这种神圣的感召力并不是宗教信仰者的专利，进入宗教旅游场所的游客往往也会受到这种感召力的影响。宗教信仰者前往宗教场所所感受到的神圣体验和普通旅游者所感受到的神圣体验在内涵上不相同，但是宗教场所中朝圣者的朝圣行为，强化了普通旅游者的旅游神圣体验的感受。

3. 娱乐体验

旅游者娱乐体验的获得是通过对自然环境、宗教文化和艺术的审美，以及在内心对宗教神圣氛围的感知基础上获得的一种身心愉悦。这种升华了的娱乐体验，相较于前一种世俗的感官的娱乐体验，带给旅游者的是一种宁静、祥和的愉悦。

4. 遁世体验

工作的压力、日常生活的繁琐、人际交往的复杂令人们厌倦与逃避现实生活，但遁世体验并不意味着消极避世，而是通过这样的体验重新找回内心的宁静，获得能量。对于普通旅游者来说，宗教场所营造出的远离"尘世"、超凡脱俗的环境氛围，是帮助其暂时摆脱工作压力和复杂人际关系的一种有效方式。

东方盐湖城

东方盐湖城

5. 教育体验

在宗教旅游开发中注意发挥宗教的道德教化作用，让游客通过对宗教文化和历史的了解，通过对宗教仪式的观看和感受，得到警示或启发，从而加强自我修养，完善自身建设，提高精神境界。

三、宗教旅游产品的体验性策划设计——以茅山盐泉小镇为例

目前，茅山仍以基础层次的观光型旅游——道教旅游为主，旅游资源尤其是景区及其周边的大量自然、人文旅游资源的开发利用尚未实质性启动，特色旅游尚未形成，资源优势没有转化为产业优势，旅游经济的综合效果与旅游资源的潜在价值还很不相称，要想在新时代旅游业的激烈竞争中

立于不败之地，应根据自身的特点大力发展高品位的特色旅游——道教生态旅游。

所谓主题体验设计，即一个题目的设计，在一个时间、一个地点和所构思的一种思想观念状态，从一个诱人的故事开始，重复出现该题目或在该题目上构建各种变化，使之成为一种独特的风格，而根据消费者的兴趣、态度、嗜好、情绪、知识和教育，通过市场营销工作，把商品作为"道具"，

服务作为"舞台"，环境作为"布景"，使顾客在商业活动过程中感觉美好的体验，甚至当过程结束时，体验价值仍长期逗留在脑海中，即创造一项顾客拥有美好的回忆、值得纪念的产品及其商业娱乐活动过程的设计，被称为主题体验设计。

东方盐湖城位于江苏常州金坛市茅山旅游度假区，茅山盐泉小镇位于东方盐湖城核心位置。项目方

案融合"山、水、盐、泉、药、茶"六大资源元素，用创意、生态、深度定位旅游，结合询道、问道、参道、悟道、享道、乐道实现游客体验。设计紧扣茅山道文化和地缘文化，以"一观八院"为核心，辅以盐泉乐园、道风街、道酒店、道会所、道客居等创意内容。游客可以体验不一样的道文化之旅。

项目的体验性开发从两个层次进行策划设计：

1. 体验性来源于宗教文化特色

山：养生福祉 修道仙山

茅山林深泉清，云蒸霞蔚，自秦汉以来就有"第八洞天、第一福地"的美称。山区形胜独特，枝繁叶茂，景色迷人。茅山以其独特的人文景观，跻身于国家 4A 级旅游风景区之列。

主峰大茅峰，海拔 372.5 米，山势巍峨峻峭，逶迤起伏，登临极顶，俯瞰众山，宛如巨龙，盘亘于左右。极目远眺，山林深处更是烟霭缭绕，云海出没。

茅山山势秀丽、林木葱郁，有九峰、二十六洞、十九泉之说，峰峦叠嶂的群山中，华阳洞、青龙洞等洞中有洞，可谓"春见山容，夏见山气，秋见山情，冬见山骨"。

水：洗净凡尘 润泽八方

物我未忘情，无情惟止水。底事山中泉，客来如有喜。悠然镜面平，倏尔鱼眼生。

少焉开笑面，似与客逢迎。客喜泉岂知，泉笑客何有。邂逅深山中，聊结无情友。

道：秉道而生 道源圣地

茅山原名句曲山、地肺山，又名冈山。在江苏省西南部，主峰高四百余米。相传西汉景帝（前156 年～前 141 年）时，有茅盈、茅固、茅衷三兄弟在此修道成仙，号三茅真人，故改名三茅山，简称茅山。道教将其列为十大洞天中的第八洞天，号金坛华阳洞天，又是七十二福地中之第一福地。

东方盐湖城

从西晋起，茅山逐渐成为江东道教圣地。西晋时，女冠魏华存修道茅山，后被尊为茅山宗开山太师。东晋许谧、许岁羽父子曾在茅山之雷平立宅，与杨羲合造《上清经》。晋末至宋、齐、梁诸朝，茅山修道者颇众，以马朗、马罕、陆修静、孙游岳、陶弘景等最为著名。

盐：灵而有道 圣山道盐

《天工开物》将盐分作"海、池、井、土、崖、砂石"六种。以原料来源分，盐可分为海盐、湖盐、井

矿盐等。金坛地处长江三角洲腹地，境内河网密布。西部为茅山山麓，有巨大的地下盐矿，以及石灰石、玄武岩等多种矿产。金坛矿产资源主要有岩盐、石灰岩、油页岩等十余种。被誉为"苏南第一矿"的金坛岩盐矿，总面积 60.5 平方千米，矿储量163 亿吨，平均氯化钠含量 85%。其盐产量占全国总产量的近 1/10。茅山盛产橙粉色水晶盐，岩体通透、石质细腻。

茶：以茶待客 洞天福地
1995 年金坛被命名为"中国绿茶（名茶）之乡"。茅山茶品种多、质量优，其中"茅山青峰"获国家金奖，"雨花"、"雀舌"获中国首届食品博览会金奖。"茅山青锋"、"金坛雀舌"茶以其独特优美的外形、精湛优良的品质和良好的销售业绩名贯江南。"香，香不过家乡茶；亲，亲不过故乡人。"数学泰斗华罗庚这句至理名言，为金坛茅麓茶、为故乡金坛人做了最好的说明和诠释。

多少人生来自茶语的暗示，生活的秘诀在玩味中领悟，不经意间，一份甘醇，便成了千古绝唱。有茶细语，落花般轻盈，缠绵不断。入喉，如山涧洗心。喝出本色，就领略了人间最好的风情。爱茶只在自然间，好似一不小心就跌进了梦里，勾画茶的意象，竟找不到红尘的颜色。叶叶总关情，浮沉之间，倾听无语的禅意。于是，茶水一如着色的绸缎，冷艳为一种华贵，滋养你的气度。

泉：养生盐泉 天地之水
"春寒赐浴华清池，温泉水滑洗凝脂。"我国劳动人民发现和应用温泉治病，已有数千年的悠久历史。早在先秦的《山海经》里就有了"温泉"的记载。

"上善若水，水善利万物而不争。"作为万物的基础，水中含有对人体有益的成分，而温泉水主要的成分包含氯离子、碳酸根离子、硫酸根离子。东方盐湖城以"养生"为其核心，遵循道法自然、天人合一的理念，以道家风格仿古建筑为特色，并结合金坛丰富的盐矿资源，成就国内一流的道盐养生主题特色山地温泉。再融入道修、中医、中药等东方养生文化，以道学养生理念设置五行养生池，配以泡、蒸、浴等多种体验方式，同时配置裸汤区、室内温泉馆、盐湖景观温泉、中药养生泡池等内容，让游客体验身心统一的静谧，达到"身、心、灵"三个层次修养。

药：以药养性 以道养生
茅山地属低山丘陵地区，不仅风景秀丽，物产资源也很丰富，盛产林茶果尤其是药材，是天然的药物宝库。明代著名药物学家李时珍编撰的《本草纲目》中，收录的茅山药材就达 380 多种，其中尤以茅苍术和唐玄宗赐名的太保黄精为最佳。1915 年，茅苍术参加巴拿马赛会获金奖。茅山十大中草药在《中华人民共和国药典》1990 年版中具有收载。

2. 体验形式依据宗教特点设计

高道仙踪寻访游

"山不在高，有仙则名"。无数高道们来茅山修真悟道。因此访寻高道仙踪，追溯道派源流，能让游客以更高层次的情感去理解和欣赏道教文化的内涵。

洞天福地探秘游

道教建筑可分全真派的十方丛林与正一派的子孙庙，它们往往与名山相结合，故又有仙山楼阁、洞天福地之说。游客以感官游乐和内心体验方式来追寻深藏其中的道教文化底蕴，可感悟到道教文化旅游庄严而神秘的韵味。

道教节日庆典游

道教是多神教，有庞大的神仙系统，每个神仙都有诞生或者降世的日子，每逢其时，道教徒都要斋戒沐浴，慎终追远，隆重庆贺，弘扬功德以悦神。这些活动都奏乐渲染，以浓厚其宗教气氛。因此，利用茅山的道教洞天福地的地位，推出道教节庆活动，可以吸引众多的道教信徒和游客参与其中。

道家养生保健游

道教认为"我命在我不在天"。强调性命双修的养生思想和得道成仙的理想境界。因此，许多道士精通医疗保健知识，注重自我修炼，历史上有"名医多羽客，寿星出道家"之说。他们经过长期探索，形成了一套切实可行的养生理论．值得现代人认真挖掘。

道风街美食品尝游

天师的养生修炼与道教饮食也是紧密相连的，形成了符合科学和地方特色的天师饮食文化。相传祖天师以栗代饭，历代天师群起仿之。天师板栗个大香甜、强腰健足，为理想的滋补果品。还有上清豆腐早在西晋时期就成为当地特色菜肴，具有鲜、嫩、白、爽、香、滑等特点。天使八卦宴则更是蕴含着浓厚的道教文化内涵，每一味菜都用龙虎山特产精制而成，菜肴与餐具按八卦图方位摆放，又符合当今倡导素、淡、清、新的绿色保健食品潮流。此外，天师茶、天师家酒也独具养生之道秘方。这些天师的养生修炼与饮食文化资源，经过开发提炼，可达到旅游产品功效性与娱乐性的统一，以满足现代游客健身、休闲的旅游需求。

道教文化研习游

道教"道法自然，天人合一"的宇宙观，较之世界上其他宗教更贴近现实社会，尤其是其阴阳鱼首尾相追、物极必反的思维方式，揭示世间万物对立统一的道理。告诫世人要珍惜自己的生命；尊道贵德的价值观，追求真、善、美的哲学境界，培养"清静无为，恬淡不争"的性情，更是民族文化精华所在，也是当今构建和谐社会所倡导的精神境界。在浓郁的道学研修气息中，多一些思辨认识和人生净化。

东方盐湖城

结束语

宗教旅游资源的文化内涵异常丰富，作为一项特殊的专项旅游，宗教文化旅游的开发不仅是对宗教文化的宣传，也是对它的保护和传承。在体验经济时代，普通游览观光形式单一，难以挖掘宗教旅游资源的文化内涵，体验性旅游产品的策划设计有利于提高旅游目的地的重游率、稳定旅游客源市场以及延长旅游目的地生命周期的作用。

汉文化，可以创造怎样的旅游地产奇迹？

文：邹毅 \ 上海领易投资 总经理

主题地产绝对是当前市场产品创新的一个方向。在文化旅游地产方面，真正的高手不是做地产，而是做文化。文化做好了，地产问题自然迎刃而解。很多人都困惑，认为文化看不见摸不着，怎么才能着手去做呢？

下面解读一个案例。看看中国传统的汉文化可以有怎样的故事演绎？我们看看洲联集团五合国际的策划师和设计师们怎样从看不见、摸不着的文化着手，打造出一个符合现代旅游趋势的文化产品？我们期待这样一个划时代的全新作品面世。

一、项目背景

汉中地区，位于陕西省西南部，秦岭南缘。因地理位置特殊，交通不便，自古以来便是兵家必争之地。且因南水北调水源地保护的需要，山川秀美、物产丰富的汉中被国家划定为"限发展地区"，为保护生态，许多工业项目不能落地，汉中的经济发展也受到了牵制。

如今，西汉高速公路的开通使西安与汉中的同行距离缩短至 3 小时左右，蜀道之难不再难于上青天。而即将落成的高铁，连通西安、成都等地的 2 小时经济圈为汉中的发展打开了一扇窗。

城市的发展需要自己名片，而毫无疑问，汉中的名片中，必然包含"汉文化"。很多学者认为，汉中自古是国家历史文化名城和国家生态示范建设试点地区，应该以旅游业和高新技术产业为核心，发挥自身自然景观、历史文化与原有的工业基础优势，打造"中国汉文化"的品牌，发展具有汉中特色的生态经济模式。而在汉中的发展战略中，生态旅游业也被确立为四大主导产业之一，期望以此带动第三产业的发展。

在文化积淀深厚的汉中地区，应该怎样打造汉文

汉中兴元汉文化国家旅游休闲度假区

化的品牌？设计师们提出了独到的解决方案。他
们提出，这里将塑造一个崭新的汉文化博览园。
这个汉文化博览园不仅位于整个新城区域的中心
位置，更是文化上的核心点。这里将以博物馆、
城市规划馆、汉乐剧场等多样化的形式展示汉中
以及兴元新区的城市历史变迁。通过文化参与和
休闲度假的一体化设计来将城市的新区打造成文
化旅游的度假胜地，创造新的文化旅游模式。

占地15.46公顷的汉文化博览园主体建筑起笔于
汉源岛群中的3座岛屿，由主体建筑汉文化博物
馆及东西两侧的城市规划展览馆和汉乐府组成。

不同于普通的旅游景区类项目的是，汉文化博物
馆等不是位于独立的景区内，而是汉中城市轴线
上的建筑，因此在设计时需要更多考虑其对城市
功能的体现，其所服务的对象不仅是观光的游客，
同时还有城区居民。项目的布局规划、景区规划、

生态规划、产业规划、文化规划等都与城市本身
的建设规划合为一体。

二、与现代生活连通的汉文化

解读汉代建筑的基本特征，同时还能融入现代生
活的时尚元素，让居民和游客感悟汉文化精髓的
同时又能与当下生活相链接，并非易事。

设计师们首要面对几个问题：汉是什么意思，汉
民族又从何得名？汉文化的文化主干在哪里？怎
样的环境创造能代表汉人的理想世界？这些问题
是建筑设计创意的源头，也是让游客感动的内涵
所在。为此，设计团队从区域规划、建筑设计、
室内展陈等方面入手，将汉文化揉进每一个细节中。

1. 三山一园：理想境界的诠释（规划）
中国人的空间哲学中有对于一池三山的描述：东
海中有蓬莱、方丈、瀛洲三座仙山，为神仙居所，

也是最神秘和美好的梦想乐园。从汉代起，大型皇家园林都以一池三山的建构架构来表达对理想境界的追寻。建章宫的太液池的一池三岛寓意东海之中的仙域，直到近代如颐和园的造园等还沿用这一理念。

作为汉代建筑规划的特点，一池三山的理想境界概念，在汉中汉文化博物馆项目中巧妙落地。

作为整个汉源湖区域的核心建筑群，汉文化博览园的三个主体建筑分别筑于堆土而成的三个小岛上，构成"一池三山"的规划结构，凭借错落起伏的地势和疏密有致的布局成为园区中的标志性建筑，这也呼应了开发商最初对整个兴元新区的

文化规划和城市发展脉络的诉求。希望将汉文化展览中心放置在区域格局的中心位置，展现整个新区的文化内涵。

为了让整个兴元新区中的居民文化与汉文化博览园中的汉文化融合，核心园区的建设与城市公园合二为一。开放式的核心园区方便居民文化交融，而三个主体建筑中，则能让游客更多意会到汉文化的魅力。

2. 三水一筑：追溯汉文化源起（建筑）
我们常说的"汉"，到底应该如何释义？
英国大不列颠百科全书曾记载："汉族的形成，始于汉代"。而汉中是汉王朝的发祥地，汉高祖刘邦

汉中兴元汉文化国家旅游休闲度假区

"明修栈道，暗度陈仓"，完成统一大业，特用"汉"字为号，建立汉王朝，留有古汉台、拜将坛、张良庙、饮马池等遗址。

"汉"原意取自"天上银河，人间汉水"，对应而来，"汉"的本意是"银河"。汉朝以汉水命名，而到了汉朝之后才有了所谓"汉族"等其他称谓。

在建筑设计中，设计师设置了许多汉代的特色元素——水、飞阁连廊等来呈现汉代建筑的独特气象。在与文化专家的交流过程中，设计团队发现了石渠阁的故事。石渠阁建筑是汉朝的国家图书馆，也是中国有史记载的最早的图书宝库。处于防火功能需要，石渠阁周边有水渠环绕。为此，钱健将石渠阁作为博物馆建筑的制高点，并增设水元素——石渠阁周围的水渠成为建筑水景的源头，建筑的立面"瀑布水景"顺着墙身和大台阶的扶手而下，流入三山间的溪流之中，最终汇入汉源湖之中，溯源而上的游客由此获得了的寻觅文化之源的感受。

参考汉代建章宫中的建筑语言，建筑各群体间以飞阁连廊串接流线。建筑材料以石材为主，加之金属和木制构建，形成传统与现当代材料及工艺复合的立面体系。"每个细节我们都力图呈现汉代的文化风格，使得游客游览的同时，关注到每一个细节都能领悟到汉代的精髓。"

汉中兴元汉文化国家旅游休闲度假区

3. 三教一堂：诠释汉文化主干（室内展陈）

历史上看，汉朝是将东西方文化进行汇聚的时代，其海纳百川的胸怀延续至今。如果说五千年中国文化发展过程中，儒家思想是前 2500 年的文化成就的集大成者并影响至今，那么，汉文化精髓则奠定了后 2500 年的思想发展的基本脉络。

设计师在与文化专家的交流中得知：佛教在东汉从西域传来，在洛阳建有白马寺；道教，兴盛于汉朝的五斗米教；儒学，汉朝废黜百家独尊儒术。儒释道三者成就了中华文化的基本格局。可以说汉朝三教在中国的确立和融合构筑了中国的思想体系的主干，有了这一文化源起，几个主要空间：汉源文化殿，汉源贤人祠，汉源祖先庭在室内空间设计和展示方面就逐渐确立了主题，三者的对比，融合形成了大量的故事和趣味点。

作为汉文化展览中心的主体建筑，汉源文化博物馆建筑面积为 8 万平方米，整体呈十字格局，横向分为三个殿堂：三圣殿、三祖殿和六贤殿。三圣殿中，设计师通过群组雕塑来还原儒释道与汉文化之间源远流长的故事，让游客对从汉代时确立的中国文化体系有所印象。

三、汉文化与产业融合

怎样让文化与产业融合，并融入现代生活的时尚元素，是旅游产业维持长久生命活力的根本。

在这里，策划师和设计师也有系统的策略。例如在建设兴元新区水系时，也将此设计为汉文化博览园的水上游览路线。整个水系连通 8 大社区商业，并将汉文化体现其中，遍布全城。每个渡口，都经过精心的设计，与人们的生活相连。

虽然做的是渡口，但更多承载的是城市主题商业的作用，为人与人的交流创建了平台。一般商业布局多为功能模块布局，消费者与商家无法建立有效的互动。在旅游项目中创造这种商家和游客的互动尤为重要，因此设计团队打破常规，通过文化的提炼创造出丰富交流空间，让消费者愿意

汉中兴元汉文化国家旅游休闲度假区

驻足，与商家产生互动。在空间角度上，设计也更倾向传统渡口充满活力的组织方式，让人感觉更亲切。

规划中的汉中新区，建造的医院除了具备普通医院的功能外，还兼具汉方养生服务；当地的服装业倾向于汉服的定制；而教育产业，除了传统的学校教育外，还突出了短期、长期的汉学文化培训等。

在汉文化博览园的整体规划和建筑设计过程中，让文化、艺术和生态融入新规划的城市中，始终是项目创意的原点。但文化旅游与城市建设融合的探索步伐，才刚刚开启。而让城市居民和游客在享受旅游服务的同时，还能获得文化体验、成为文化传播的使者，是建设文化旅游城市，获得更高经济和社会收益的关键。

巍巍中华上下5000年，文化博大精深。5000年中华社会走过的痕迹，为每个地区都留下了自己独特的文化特质。真正优秀的旅游项目，一定需要策划师、设计师将历史场景与现代生活融会贯通。当历史以崭新的方式，用时尚的表达展现在游客面前的时候，定会让现代都市人为之一振，极大促发现代人对文化理想的追求。

中国当代，能沉下心来、匠心独运地、用现代手法讲述文化故事的项目太少了，而不是太多了。

宗教文旅产品的落地
——以宗教文化主题明星产品塑造文旅地产品牌

文：王玮琦 满莎 \ 洲联集团

一、文旅地产品牌知名度需要明星产品支撑

历数国内文化旅游地产的口碑项目成功经验，明星产品不仅为项目带来长效收益，在提升公众认知度和品牌知名度方面功不可没。例如灵山集团的梵宫、万达集团的长白山旅游度假等。

二、成功文旅地产项目的两大利器：产业复合、文化至臻

复合型全产业链的文旅产品，是项目长效盈利的基础，全臻至极的文化塑造，才是文旅项目成功的点睛之笔，这个过程不一定资本高投入，但必定是用心、漫长、智力服务高投入的过程。做到文化内涵极致、文化产品不可复制、文化体验由内心而发的感动境界，才能成为一个真正成功的文旅项目明星产品。

定位于佛教界观世音菩萨的北方灵应圣地的大觉禅寺，是京津新城文旅新城项目转型的明星之作。

京津新城位于宝坻，是国务院批准的天津市 11 座卫星新城之一，规划面积 53 平方公里，定位于服务京津冀区域的人文休闲、生态宜居大型文化旅游生态宜居新城。规划分为三大板块：北部临城际轻轨的国际金融板块、中部文化教育板块、南部旅游地产板块。京津新城主要投资商为合生创展，首期建设南部旅游地产板块，地产板块以占地 26.7 公顷、客房 1200 间的亚洲最大凯悦酒店和日式帝景温泉酒店为带动，同时引入北京科技大学天津学院和天津财经大学珠江学院，但对旅游地产项目的销售拉动力不足。合生创展于 2007 年开始引入佛教文化作为项目旅游升级主题，并于 2009 年建成京津地区首个以佛教玉器展示为主题的博物馆玉佛宫，成为天津地区重点旅游项目。合生创展于 2008 年启动历时 3 年的大觉禅寺设计工作，预计将其打造为占地 500 亩、建筑面积 16 万平方米的中国观音文化集大成者，倡导中华民族慈悲善良、博爱宽容的传统美德，作

大觉禅寺鸟瞰图

大觉禅寺

大藏经楼

为佛教界观世音菩萨的北方灵应圣地与东方普陀山、南方的洛伽山、西方的布达拉宫三大观音圣地遥相呼应，并成为带动整个项目由南至北发展的文化新名片。

文化至臻的优势前提是可溯源的真实历史积淀。人为造势困难重重，传播难度高，尤其以文化为主题的项目操作难度大。顺势造势、借历史塑文化新生，如南京老门东则易在前期形成较高人气。大觉禅寺始建于辽重熙二年（公元1033年），历经1000余年历史。据《日下旧闻》所载：重熙初年，神僧洪源长老自颍州来，卜于邑渠之阳建尼陀舍，淡然栖迟，泯心入道。后受徒二人，跌坐而化。大众遵从佛制，为其举火荼毗、焚化竟日，"烈焰已绝，色身如故"。四众叹为神异，乃知是肉身菩萨，遂作龛供奉于佛侧。已而其须发再生。盈月则削。后，二徒传其法，度沙门五人。自是佛宫日广。香火弥盛，灵应遝迩，遂启大觉禅寺法化之滥觞。明、清时，大觉禅寺列为宝坻八景之一的"东寺晓钟"。从文献中可推见的禅寺盛景是设计重建的重要依据，也是项目作为佛教界观世音菩萨的北方灵应圣地的历史溯源。

三、追求文化至臻意味着心怀崇敬、尊重宗教仪制、恪守佛教文化建筑形制

大觉禅寺据"佛、法、僧"三部，分为佛教朝圣区、文化教育区、生活辅助区三区。

弥陀殿及伽蓝殿

佛教朝圣区主轴线居中,分为横向一主二辅纵向九进四重的递次关系,以大藏经楼为九进的核心建筑,依次通过前庭、金水桥、牌楼到山门殿广场达到第一高潮,经钟鼓楼、圣像广场到32米高观音圣像为第二高潮,经东西配殿、弥陀殿、祖师殿至大雄宝殿为第三高潮,最后过观音殿、伽蓝殿、六组殿至高52米面阔110米的大藏经楼。朝圣区主轴线设置27个视点分析各建筑关系。

大藏经楼稳坐寺院中轴线北端,采用隋唐盛世高台建筑制式,以唐大明宫复原图为参考依据,殿宇楼阙、廊亭台阁、丹墀玉阶,犹古佛入静,俨然端坐,雍容和谐。朝圣区主要殿宇以大藏经楼的长宽尺寸为模数,或倍数或分数,取佛法为中心,

佛光普照的禅意。大藏经楼基座的空间构成以满足可举行千人三坛大戒受戒法会的释迦涅槃殿和金刚多宝戒坛形制决定。

观音圣像的32米一方面是通过视线分析得到与广场及建筑的协调尺寸区间,一方面是象征菩萨的三十二类应身,遍满大千世界,万千祈求,万千感应。香水莲池间须弥宝座上供奉大慈大悲千手千眼观世音菩萨圣像。前为瞻礼台、左右设有迎香亭和与愿亭。

大雄宝殿采用重檐庑殿屋顶,副阶周匝,鸱吻正脊,中置宝刹。面阔九间,进深六间,是全寺的正殿,内正中央供奉华严三圣像,东西两侧列坐十二圆

山门殿

觉菩萨，山墙内墙侧绘大型佛教壁画。禅寺住持延可大师讲授僧侣早课的仪制，并通过冬至、立春、立冬日阳光反射照亮佛像的反射分析，确定圣像前空间、结构柱、门窗宽高等。

四、实现文化至臻的过程必须是静心研究、漫长且反复的推敲过程

大觉禅寺的方案设计历时三载，参观考察北方区五省近二十个项目。

禅师住持延可大师广邀历史悠久寺庙僧侣、知名居士、当地博学雅士共提建议，中国佛教协会会长一诚长老为此多次往返京津。

以山门殿为例，在初始规划的常规的重檐歇山出抱厦加配廊的基础上，经过对现存古寺庙多次考察及对佛教典籍的深入研究，深化为正殿重檐九脊殿，正脊高二十余米象征寺院的等级之高；配殿采用单檐九脊殿带挟屋形式。在规划上增设山

门牌楼，过春幡刹杆、九重经幢、狮兽，穿山门主殿见金玉普门壁，东西配土地庙、龙王庙、影壁、碑亭，形成山门殿序列。朝圣区主核心大藏经楼更是几经易稿、立面深化三十余次。

五、产业复合的目的是形成全产业链，建立长效盈利模式

且衍生业态设置以文化研读为前提。在大觉禅寺项目中，禅寺住持及设计师参观全国各地运营良好的寺庙及宗教主题文旅项目，分析其前期投入、中期及长期运营模式，将涉及佛教文化及佛教仪制的行为细化为六大类：佛教文化弘扬、典藏、展览；佛教文化交流、庆典；国学、佛学教育；僧俗生活、居士修行；香客接待、参观游览、后勤服务；慈善公益等。因此在相应佛教衍生业态产品方面，设置普陀宫佛教文化剧院、佛学院、国学院、禅修中心、闭关中心、云水堂、安养堂、居士院、僧院、塔院等。在一众严谨的佛教建筑

钟鼓楼

形制外，引入相机视点分析这类接地气的设计方式。

宗教主题的文旅产品落地，需要静心沉礼、正念专注，深入研读且融入宗教文化魅力中，由心而发、执着于一法方可成至臻至善的产品，产品契人心则项目大成。故说偈语：缘起法身偈，诸法因缘生，我说是因缘。因缘尽故灭，我作如是说。

绿色城市综合服务商

融资策划　　规划设计　　绿色技术

五合智库
WISENOVA

五合国际
WERKHART

洲联绿建
WERKHART SUSTAINABLE

洲联集团（WWW5A）是一家提供绿色城市综合服务的著名跨国机构，深耕中国房地产十余年来，凭借对房地产市场的深入研究，具备专业地产金融研究策划咨询的前瞻视角。在规划设计方面，集团也积累了大量的市场经验，特别在规划、酒店、商业、产业、豪宅及高科技生态节能设计等方面独具专长。同时，洲联集团致力于引领行业节能减排，持续推进绿色低碳建筑理念与技术的推广研发与工程实践。如今集团已发展成为融资策划、规划设计、绿色技术为一体，为城市开发和地产行业提供全产业链的技术与顾问的综合服务机构。

扫描二维码

微信订阅号平台
zhoulian5a

官方微博
http://weibo.com/zhoulian2011